AF330506

RÉCITS ET FAITS DE GUERRE

DU

9ᵉ RÉGIMENT DE CUIRASSIERS

1914-1918

RÉCITS ET FAITS DE GUERRE

DU

9ᵉ RÉGIMENT DE CUIRASSIERS

1914-1918

MOBILISATION (1ᵉʳ 4 août 1914).

Le 9ᵉ Cuirassiers, sous le commandement du colonel Vallée, a été embarqué en chemin de fer à Douai le 1ᵉʳ août 1914, au reçu de l'ordre de couverture. Il fut débarqué entre Hirson et Liart, où il resta jusqu'au 4 août dans ses cantonnements de concentration. Il faisait partie de la 4ᵉ brigade de cuirassiers, 3ᵉ division, rattachée au corps de cavalerie du général Sordet.

CAMPAGNE DE BELGIQUE (6 au 24 août 1914).

Le 6 août, le 9ᵉ Cuirassiers entre en Belgique près de Bouillon, au milieu de l'enthousiasme de la population, qui acclamait les troupes françaises.

Les Cuirassiers ont fait preuve entre le 7 et le 10 août d'une grande endurance en prenant part à de longues marches, notamment à celle qui mena le corps de cavalerie jusqu'à 15 kilomètres de Liége le 8 août, faisant parcourir à nos troupes 160 kilomètres en deux jours.

Le premier engagement d'ensemble sérieux eut lieu le 19 août, où le corps de cavalerie se heurta à des forces allemandes importantes.

Le 9ᵉ Cuirassiers était à l'ouest d'Orbais (10 kilomètres nord-est de Gembloux).

Le corps de cavalerie se replie sur le gros de l'armée française vers Charleroi.

Reconnaissance du lieutenant de la Salle (10 août 1914).

Le lieutenant de la Salle, du 2ᵉ escadron, avec le maréchal des logis Coutrot et quatre cavaliers, fut envoyé le 10 août vers Warzée et Oulfet (15 kilomètres sud-ouest de Liége) en patrouille de surveillance. Dans le village d'Oulfet, la patrouille est prise en chasse par un fort parti de uhlans. Dans un tournant sur le pavé le cheval de l'officier tombe ; le lieutenant de la Salle, atteint d'une double entorse au genou et au pied, se réfugie dans une grange et s'y cache. Les Allemands fouillent la grange sans le trouver. Le lieutenant de la Salle s'échappe du village, il le trouve libre, et rejoint sa patrouille, qui avait dépisté l'ennemi et s'était remise à sa recherche.

Son énergie valut au lieutenant de la Salle une citation à l'ordre de la division.

Patrouille du sous-lieutenant Wagner (11 août 1914).

Le 11 août, le sous-lieutenant Wagner, du 3ᵉ escadron, est envoyé avec son peloton en reconnaissance vers Bertrix (8 kilomètres ouest de Neufchâteau). Rejoignant la division sans avoir encore rencontré l'ennemi, il se trouve près du bois d'Assenais vis-à-vis de cavaliers allemands pied à terre. Pour reconnaître leur force, il se porte avec quelques cavaliers vers le bois, où il se heurte à des fils de fer. Le reste du peloton cherchant à contourner le bois est reçu par des coups de fusil. C'est là que tombent les premiers cavaliers du 9ᵉ Cuirassiers qui sont morts pour la France pendant cette guerre : le maréchal des logis Tual, les cavaliers Fauquert, Ricard et Delair.

L'ennemi accepte aussi le combat à cheval et une mêlée s'engage. Le sous-lieutenant Wagner a son cheval tué sous lui. Il enfourche le propre cheval de l'officier allemand que le brigadier Ragot tue d'un vigoureux coup de pointe ; le maréchal des logis Lepel-Cointet, arrêté par des fils de fer, décharge avec un grand sang-froid son revolver sur les ennemis à pied. L'engagement se termine à notre avantage, le peloton Wagner bousculant les chevaux haut-le-pied et en prenant neuf.

Le sous-lieutenant Wagner rejoignit alors le régiment à Maissin, laissant derrière lui le maréchal des logis Turbaux avec un homme pour enterrer les morts et soigner les blessés. Le maréchal des logis Turbaux n'hésita pas à se rendre à Bertrix. Il fit enterrer nos morts dans le cimetière de Bertrix et porter nos blessés à l'hôpital. Les Allemands occupèrent Bertrix. Grâce au dévouement des habitants, le maréchal des logis Turbaux s'y dissimula pendant 24 heures sous des vêtements civils ; puis, ayant entièrement rempli sa mission, rejoignit le Régiment.

Les braves de cette patrouille ont été cités à l'ordre de la division et le brigadier Ragot nommé sous-officier.

Le 4ᵉ escadron à Gentinnes (20 août 1914).

Le 4ᵉ escadron, sous le commandement du capitaine Larmoyer, avait été chargé de couvrir le mouvement de la division. Il se porte le 20 août, dès le jour, de Ligny sur Gentinnes et Saint-Géry (6 kilomètres ouest de Gembloux) où il avait ordre de tenir jusqu'à 9 heures. La pointe de l'escadron, commandée par le sous-lieutenant Martin, est reçue à coups de fusil à Gentinnes et subit quelques pertes. Le capitaine fait mettre pied à terre à un peloton, et une vive fusillade s'engage de part et d'autre. Sérieusement pressé par l'ennemi, le capitaine Larmoyer établit son escadron à 500 mètres au sud de Gentinnes, et empêche l'ennemi d'en déboucher, accomplissant entièrement sa mission.

Tout le 4ᵉ escadron avait fait preuve d'une grande discipline, d'un bel entrain et de ténacité. Le capitaine Larmoyer fut décoré de la Légion d'honneur à la suite de cette affaire. Parmi tous ceux qui se sont distingués, citons le sous-lieutenant Martin, le maréchal des logis chef Emonet, les maréchaux des logis Epèche et Sékély.

RETRAITE (24 août-5 septembre 1914).

Le régiment participe à la retraite générale qui suit les batailles de Charleroi et de Mons. La rapidité de la marche et les privations de toutes sortes l'ont rendue très pénible. Cependant jamais le moral n'a faibli. Les hommes s'apercevaient qu'on ne reculait que par ordre.

Le 9ᵉ Cuirassiers subit quelques pertes sensibles : la section de mitrailleuses disparut le 27 août au nord de Péronne, en essayant de ralentir la marche de colonnes ennemies. Le dévouement de plusieurs leur coûta la vie ou la liberté. Le sous-lieutenant de Goy trouva une mort glorieuse en cherchant à intervenir.

Le 29 août, les éléments les moins fatigués forment un escadron qui entre dans la composition d'une division provisoire, et continue la retraite vers le sud. Le reste du régiment retraite par Beauvais et Meulan jusqu'aux environs de Versailles. Cette dernière partie de la retraite se fit sans être inquiétée par l'ennemi, tandis que de Maubeuge à Cambrai et à Péronne le contact n'avait cessé d'être conservé.

L'OURCQ (7-9 septembre 1914).

Le 7 septembre, le 9ᵉ Cuirassiers se trouve aux environs de Betz, à la gauche de l'armée, qui combat sur l'Ourcq. Le 9 septembre, l'ennemi, déjà presque vaincu, lance une dernière contre-attaque. La situation est critique pendant quelques heures. Le régiment est presque cerné à Ormoy-Villers, dont il assure la garde. Le convoi du régiment est attaqué dans la traversée de Nanteuil-le-Haudouin. Le lieutenant de Maulde parvient à lui faire franchir ce mauvais pas, tandis que le lieutenant Flamen, officier payeur, fait le coup de feu avec les hommes à pied du convoi. Le régiment reçoit l'ordre de se replier. Il réussit à se dégager par des sentiers de forêt. Ceux qui traversèrent alors le plateau entre Nanteuil-le-Haudouin et Péroy-les-Gombries pouvaient avoir l'impression d'avoir perdu la journée. Les Français se repliaient ; mais les Allemands, après leur dernière tentative couronnée pourtant d'un certain succès, s'étaient mis aussi en retraite de leur côté. L'an-

(1) Le lieutenant Antoine d'Auberjon, officier d'une haute valeur, cavalier réputé pour sa hardiesse et son allant, trouva une mort glorieuse au cours d'une reconnaissance qu'il dirigea pendant les opérations auxquelles prit part la division provisoire.

nonce de la victoire complète fut le 10 septembre une agréable surprise. Il semble que sur ce point de la grande bataille le vaincu a été celui qui a cru l'être, et qu'une grande part du mérite du succès revient à l'action personnelle et à la volonté des chefs qui ont toujours gardé la foi en la victoire, même lorsque tout paraissait compromis sans espoir.

LA COURSE A LA MER (10 septembre-22 octobre).

La 3ᵉ division accompagne alors le mouvement de l'aile gauche de l'armée française dans ce que l'on a appelé la course à la mer. Le régiment fournit plusieurs patrouilles de reconnaissance aux environs de Noyon, son ancienne garnison, qu'il n'avait quittée que trois mois avant la guerre. La connaissance de ce pays difficile a été d'un grand secours.

Le 14 septembre, la division pousse une pointe qui l'amène à proximité de Nesle. Le 15 septembre, le régiment revoyait non sans émotion son ancienne garnison ; mais il ne put y rentrer, d'important renforts allemands arrivant sans cesse. Le 2ᵉ escadron (capitaine West) put cependant arriver jusqu'aux premières maisons de la route de Lassigny, où les maréchaux des logis Lefèvre et Prévot trouvèrent la soupe renversée en hâte. Après un combat à pied contre des colonnes sortant sur la route de Paris, et sur lesquelles notre artillerie faisait du bon ouvrage, le 2ᵉ escadron dut retraiter comme le reste de la division, menacé d'être coupé par une colonne débouchant de Lagny. Le gros du régiment qui avait stationné au pied du château du Petit Ourscamp repassa par Lassigny ; le 2ᵉ escadron, retraitant par Thiescourt, s'arrêta le soir à la ferme Saint-Claude pour y passer la nuit. Un détachement de cavalerie allemande, après avoir fait la reconnaissance de la ferme, vint se ranger devant le portail.

Le capitaine West avait pris toutes ses dispositions pour le laisser pénétrer dans la cour puis refermer la grille. Il avait été rejoint par le lieutenant de Gannes. Dans l'obscurité, cet officier fut interpellé, en français, par le chef du détachement allemand en présence duquel il se trouva brusquement. D'instinct, à bout portant, le lieutenant de Gannes déchargea sur lui son revolver. Il ne restait plus qu'à ouvrir rapidement un feu à volonté. C'est ce que firent immédiatement les hommes postés dans les greniers.

Dans la matinée, l'escadron put rejoindre le régiment. Il ramenait un cheval de prise et n'avait eu comme pertes qu'un cavalier disparu et un cavalier blessé.

Du 15 au 24 septembre, le régiment participe aux mouvements de la 3ᵉ division de cavalerie, qui couvre et masque les mouvements de l'aile gauche française.

Le 24 septembre au soir, il se trouve seul avec le 4ᵉ Cuirassiers en rideau entre deux corps d'armée, et garde le village de Parvillers jusqu'à l'arrivée de l'infanterie.

Le 30 septembre, le régiment est au sud-est d'Arras, devant Mercatel ; le 1ᵉʳ octobre, devant Neuville-Vitasse.

Le 2 octobre, il prend part à la couverture à l'est d'Arras, à Fampoux, et doit retraiter jusqu'à Saint-Laurent-Blangy.

Remplacée par l'infanterie, la cavalerie remonte au nord. Le 4 octobre, le 9ᵉ Cuirassiers garde les crêtes à l'est de Liévin, et passe la nuit sur le plateau, depuis lors célèbre, au nord de Neuville-Saint-Waast où l'infanterie vient le remplacer.

Les 6 et 7 octobre, il est en réserve près de Nœux-les-Mines ; le 8, à Wingles, derrière Vendin. Le 9 octobre, il est surpris dans le brouillard et contraint de céder le passage du canal entre Berclau et Baûvin, d'où d'autres troupes s'étaient retirées, et où il n'avait pas encore eu le temps de s'établir.

Le 10 octocre, le 9ᵉ Cuirassiers est à l'ouest de La Bassée ; le 11, près de Festubert.

La cavalerie française précède maintenant l'armée britannique, qui la relève successivement en ligne, de Cambrin à Laventie.

Le 18 octobre, le régiment forme un escadron à pied, dont le lieutenant de Gannes prend le commandement et qui fait partie du groupe léger de la 3ᵉ division de cavalerie.

Le 21 octobre, le régiment est à l'est de Fromelles, et comble un vide entre les troupes britanniques au Riez et les chasseurs français du 54ᵉ bataillon à la Voirie. Vers 20 heures, une vive fusillade s'engage sur tout le front. Le colonel Vallée, qui se trouvait à 200 mètres derrière la ligne de tranchées, donne l'ordre au capitaine West d'entrer en liaison avec les Britanniques et les chasseurs à pied. Il apprend par cet officier que le village de la Voirie ayant été évacué, les Allemands y pénètrent, et que, d'autre part, les troupes britanniques exécutent un mouvement de repli. Le 9e Cuirassiers. pour éviter d'être pris de flanc, dut se conformer à ce mouvement, bien qu'il n'ait pas été attaqué.

Le trompette Charat.

Le 13 septembre. le trompette Charat, du 2e escadron, était chargé de rapporter un renseignement du sous-lieutenant Gérard, qui était en reconnaissance entre Ribécourt et Noyon. Le parcours était très difficile, au milieu des collines boisées où les patrouilles ennemies étaient nombreuses et vigilantes. Charat est poursuivi plusieurs fois et parvient à dépister l'ennemi. Mais son cheval est à bout de forces Il l'abandonne dans la ferme d'Attiche, cache son harnachement, dépose dans une citerne ses armes et ses effets militaires, revêt des effets civils grâce à la complaisance des habitants, cache la dépêche dans son soulier, enfourche une bicyclette et parvient à rapporter le renseignement, donnant ainsi un bel exemple d'initiative et de détermination.

Reconnaissance du sous-lieutenant du Vigier (13-18 septembre 1914).

Le 13 septembre 1914, vers midi, le sous-lieutenant du Vigier, mis à la disposition du VIIe corps d'armée à Amblény, reçut la mission suivante :
« Reconnaître les forces allemandes au sud de l'Oise, rechercher leur ligne de retraite et éclairer sur les mouvements de l'ennemi au nord de l'Oise. » Axe de marche : Trosly-Loire, Chauny, Vendeuil.

La patrouille du sous-lieutenant du Vigier comprenait : maréchal des logis Lebas, brigadier Couturier, les cavaliers Disseaux, Desprez, Dumaine, Deschamps et Charley, tous du 4e escadron.

Après les ordres du jour du généralissime et du général Maunoury, nul d'entre eux ne doutait de la déroute de l'armée allemande, bien que, depuis 24 heures. le VIIe corps fût contrarié dans son avance sur le plateau au nord de l'Aisne. Le moral de la patrouille était très élevé, mais sa fatigue était grande après la longue retraite de Liége à Paris et les efforts des jours précédents dans la région de Nanteuil-le-Haudouin. Les chevaux étaient particulièrement éprouvés.

Le parcours a été fait au pas, le trot et le galop n'ayant servi qu'en cas de danger immédiat.

Le terrain a offert des refuges commodes grâce à de nombreux bois et de bons observatoires au nord de l'Oise ; par contre il fallut franchir des routes très fréquentées, des obstacles tels que l'Oise, le canal latéral et le chemin de fer de Paris à Saint-Quentin.

Il faut aussi remarquer que quelques hommes de la patrouille étaient du pays même, et que tout le monde connaissait le pays, le régiment ayant quitté la garnison de Noyon seulement. quelques mois avant la guerre.

On ne saurait dans un court résumé exposer les preuves continuelles d'intelligence, de décision et d'audace qui ont été manifestées pendant ces cinq journées, et qui font de cette reconnaissance un fait d'armes unique en son genre.

Dans l'après-midi du 13, le sous-lieutenant du Vigier quitte Vic-sur-Aisne dans l'idée de traverser les lignes vers Morsain, mais nos troupes y sont engagées, et il doit remettre au lendemain l'exécution de sa mission. L'axe de marche prévu par lui est interdit, et il doit passer plus à l'ouest. Mieux renseigné sur la situation, il est plus décidé que jamais.

Le 14 septembre au petit jour, par le ravin de Bitry, il gagne Moulin-sous-Touvent encore occupé par nos premiers éléments. Devant lui, c'est l'inconnu. Suivant toujours le ravin, il débouche sur le plateau entre Quennevières et Nampcel. La situation est délicate ; les Allemands tirent de tous côtés sur la patrouille. Le sous-lieutenant du Vigier prend le galop jusqu'au bois de la Croisette, au nord de Nampcel Les lignes sont franchies. mais déjà le brigadier Couturier est démonté. Le sous-lieutenant du Vigier est contraint d'abandonner son brigadier après lui avoir donné les indications nécessaires pour rejoindre nos lignes ; Couturier y réussit le lendemain.

La patrouille, bien que cachée aux vues, a autour d'elle les Allemands dans toutes les directions. Pour sortir de ce mauvais pas, le sous-lieutenant du Vigier choisit le chemin qui le mène droit à sa mission. Sans hésiter, il franchit l'espace découvert qui sépare le bois de la Croisette du bois de la Montagne, traversant une ligne de fantassins ennemis qu'il sabre au passage et qui dirigent sur lui un feu nourri. Il voit tomber le cavalier Desprez ; le maréchal des logis Lebas est blessé. La patrouille arrive à couvert et prend quelques instants de repos.

La blessure du maréchal des logis Lebas oblige le sous-lieutenant du Vigier à se séparer de son sous-officier, qu'il met à l'abri dans le bois, et dont il indiquera plus tard le refuge aux habitants du pays.

La patrouille se porte ensuite sur Belle-Fontaine, et doit se tapir dans un bois pour ne pas être remarquée par toute une division de cavalerie allemande qui passe sur la route à quelques pas d'elle. Elle traverse ensuite Caisnes, saute la route de Carlepont à Cuts près de la Maison du Garde, et poursuivie encore par des coups de fusil trouve un refuge dans le bois de Carlepont. Elle attend la nuit près du Moulin de la cote 42, ne pouvant gagner de jour la route de Pontoise à Cuts, trop fréquentée et en terrain découvert.

La nuit tombée, le sous-lieutenant du Vigier se porte sur cette route, fait prisonnier au passage un cycliste ennemi. Celui-ci donne le renseignement que le pont de Brétigny n'est pas gardé. Suivant cette indication, le sous-lieutenant du Vigier s'y dirige par Pontoise et Varesnes. Grâce au concours des habitants, il passe en pleine nuit l'Oise, à Pont-à-la-Fosse, à un gué connu de l'ancienne garnison de Noyon : les hommes en barque, les chevaux à la nage. Mais le cheval de Dumaine s'embourbe, et le sous-lieutenant du Vigier a encore le regret de laisser là son ordonnance, ainsi que le cycliste prisonnier dont l'aide lui avait été très utile.

Une erreur de direction rejette la patrouille sur la route de Brétigny à Appilly. Une chance inespérée fait qu'il n'y a de sentinelle ni au pont du canal ni au passage à niveau. Le sous-lieutenant du Vigier s'engage dans Appilly, qu'il traverse au pas pour ne pas donner l'éveil. Il franchit ensuite la route nationale de Chauny à Noyon et trouve un refuge à Mondescourt.

La journée du 15 est occupée à gagner les points d'observation, le but extrême étant la cote 104, à la lisière du bois de Frières, à 4 kilomètres de la gare de Tergnier. Par Crépigny et les bois qui couvrent les coteaux, le sous-lieutenant du Vigier arrive au bois de Caumont, puis près du cimetière de Villequier-Aumont. Voyant sur la crête, entre Villequier et Viry, une vedette allemande en observation, et dont le cheval est attaché à un arbre, le sous-lieutenant du Vigier profite de la distraction du factionnaire pour venir tranquillement détacher le cheval et le ramener pour remplacer l'un des siens bien fatigués.

Enfin la cote 104 est atteinte. Là encore, par des observations à la jumelle, grâce aux habitants encouragés par le numéro bien connu du 9e, les renseignements recherchés sont trouvés. Pour les faire parvenir dans les lignes françaises, le sous-lieutenant du Vigier cherche à revenir sur le gué de Pont-à-la-Fosse. Mais la présence de sa patrouille a été éventée. Payant encore d'audace, il traverse, sous le nez des cyclistes et automobilistes, les routes de Villequier à Chauny et d'Ugny à Commenchon. Au hameau des Hezettes, il fait demi-tour devant un " Werda " menaçant auquel il répond un " Deutschland " désespéré, et arrive par un défilement sur la butte des Minimes.

Sous la pluie, il passe la première partie de la nuit du 15 au 16 ; sa volonté a raison de toutes les tentations de la fatigue. Il finit par trouver une carrière de sable où la patrouille prend quelque repos.

Le 16 septembre au petit jour, la patrouille retraverse les Hézettes, alors inoccupées, et gagne Héronval sans encombre par Givry et la cote 111. Les habitants l'accueillent avec joie et lui donnent des renseignements précieux. Traversant Grandrû, le sous-lieutenant du Vigier arrive au bel observatoire de la Montagne de Béhéricourt. De là, derrière les lignes allemandes, il assiste à la bataille qui se livre vers Carlepont. Toute la plaine est sillonnée de troupes et de convois. Il ne faut plus songer à repasser l'Oise au même endroit. Le sous-lieutenant du Vigier prend la décision de regagner nos lignes vers Compiègne en passant au nord de Noyon. Par des sentiers bien connus des Noyonnais, il coupe plusieurs fois ses traces dans les bois. Puis il se dirige par le champ de tir sur la Ferme des Usages. Il est encore impossible de traverser la route de Noyon à Guiscard sur laquelle les convois circulent sans interruption pendant toute la nuit. Le sous-lieutenant du Vigier se décide à la traverser, au jour, le 17. Il y réussit sans encombre et s'engage sur la route de Crisolles à Rimbercourt. Mais le pays est sillonné de patrouilles. Un peloton lui donne la chasse. Revenant sur ses pas, il le dépiste par un crochet brusque derrière un petit bois, puis reprend son chemin. Cependant la situation se gâte.

A 500 mètres, encore un peloton ennemi ; à 300 mètres, un autre groupe, au milieu duquel un sous-officier braque sa jumelle sur les cuirassiers. Avec le plus grand sang-froid, le sous-lieutenant du Vigier met tout son monde au pas. L'ennemi est trompé par tant de calme. Il ne sait à quoi s'en tenir : les cuirasses sont recouvertes de manteaux anglais. La patrouille passe.

Ce mauvais pas franchi, le sous-lieutenant du Vigier n'a plus de difficultés pour traverser Muirancourt, Frétoy, Beaulieu, Ecuvilly, et arriver par Candor à la Potière. Là, un renseignement d'habitant le fait se détourner de Lassigny, et il prend la décision de gagner Compiègne en se portant plus à l'ouest. Il passe la nuit du 17 au 18 à Crapeaumesnil, où il apprend que le 9ᵉ Cuirassiers a cantonné trois jours auparavant. Après une nuit tranquille, le sous-lieutenant du Vigier regagne la route de Roye à Compiègne. Il traverse sans incident Beuvraignes et Tilloloy.

En arrivant au milieu du village de Conchy-les-Pots, il se rencontre face à face avec tout un peloton de hussards allemands. Il n'a plus avec lui que trois cavaliers : Deschamps, Disseaux et Charley. Qu'importe le nombre ? Sabre à la main ! et le peloton allemand est culbuté. Il fuit en plusieurs groupes, après chacun desquels s'acharne un de nos braves cuirassiers. Mais la jument de l'officier glisse et tombe, elle part aussi à la poursuite des Allemands. Le sous-lieutenant du Vigier est seul, à pied, avec son sabre en main et son revolver déchargé. Un Allemand démonté le vise avec sa carabine. Il lui échappe et regagne Conchy-les-Pots, où le rejoignent ses hommes, inquiets de son sort. Craignant le retour des Allemands enfin rassurés, toute la patrouille allait repartir vêtue d'habits civils prêtés par les habitants. Mais la délivrance arriva enfin, sous la forme d'une patrouille de hussards français. Pour comble de bonheur, ils étaient de la même division que le 9ᵉ Cuirassiers. Le temps de se rhabiller et d'enfourcher un cheval allemand errant, et le sous-lieutenant du Vigier rejoignit la division au sud de Cuvilly. Ses camarades, qui le croyaient perdu, applaudirent à ses exploits. Puis, en automobile cette fois, il partit rendre compte de sa mission au général Maunoury, pour lequel il avait opéré.

GUERRE DE TRANCHÉES (25 octobre-27 novembre 1914)
MONCHY-AUX-BOIS

Les fatigues de ces trois mois de campagne et les pertes avaient fait tomber l'effectif du régiment à 18 officiers et 178 hommes.

Le 22 octobre, le régiment est détaché de la division et envoyé sur Marrieux, pour se reconstituer. Mais en route il est mis à la disposition du 20ᵉ corps d'armée. Le 25 octobre, la section de mitrailleuses reconstituée monte en ligne devant Monchy-aux-Bois, et les escadrons commencent la guerre de tranchées dans des conditions pénibles.

Le 27 novembre, le régiment est remis à la disposition de la 3ᵉ division de cavalerie, qu'il rejoint après plusieurs étapes à Wulverdinghe (10 kilomètres nord de Saint-Omer). C'est là qu'il connut son premier repos.

Le 5 décembre, il part pour la région d'Hesdin, détachant au nord d'Arras avec le 33ᵉ corps d'armée la section de mitrailleuses.

Il cantonne à Willeman, puis à Fontaine-l'Etalon, où il se recomplète en partie.

ANNÉE 1915

Le 29 janvier 1915, il arrive, après plusieurs étapes, à Gannes et Quinquempoix (nord de Saint-Just-en-Chaussée), et le 2 février est passé en revue par le général Joffre, ainsi que toute la division.

Le 13 février, le colonel Vallée quitte le régiment. Il est remplacé par le lieutenant-colonel de Cougny-Préfeln.

Le 14 février, le régiment embarque à Saint-Just. Il débarque à Châlons et cantonne pendant cinq semaines à Vitry-la-Ville.

Le 10 mars, le général Conneau, commandant le 1ᵉʳ corps de cavalerie, remettait la médaille militaire au maréchal des logis Puig, pour s'être évadé d'Allemagne, où il était prisonnier au camp de Niedersweren.

Evasion du maréchal des logis Puig.

Elle est un modèle de patience et d'ingéniosité. Il sut capter la confiance du commandant du camp, qui avait fait de lui son interprète et son intermédiaire auprès des autres prisonniers. Il en profita pour se faire envoyer les objets indispensables à son évasion. Puis, laissant des documents destinés à faire croire qu'il gagnait la Suisse, il s'échappa du camp avec un officier du 4ᵉ Cuirassiers, le lieutenant Manceron, profitant de la sortie d'une corvée pour se jeter dans un trou à ordures où ils passèrent inaperçus. Après une marche de plus de deux cents kilomètres, il atteignit la Hollande.

Peu de jours après sa décoration, il recevait les galons de sous-lieutenant.

Le 1ᵉʳ avril 1915, le régiment se dirige, en passant auprès de Bar-le-Duc, sur les environs de Vaucouleurs.

Le 21 avril, il se dirige encore plus à l'est et cantonne le 25 à Flin et Ménil-Flin (entre Lunéville et Baccarat). Il fournit des travailleurs qui mettent en état de défense la forêt de Mondon.

Le 10 mai, le régiment embarque en chemin de fer à Bayon ; il débarque le 11 et le 12 à Amiens et cantonne aux environs de Molliens-Vidame, dans l'attente d'une percée du front en Artois, puis à Belloy-sur-Somme ; autour de Fontaine-sur-Somme, du 12 au 16 juin, puis du 23 juin au 13 juillet où il revient à Camps-l'Amiénois.

PARTICIPATION A LA GUERRE DE TRANCHÉES

Pendant cette longue période, le régiment a envoyé des détachements de la valeur d'un escadron aux tranchées près de Fonquevillers. Ultérieurement, la section de mitrailleuses a été presque constamment détachée.

Le 21 juillet, le régiment revient dans la région comprise entre Hesdin et Auxi-le-Château, à Fontaine-l'Étalon et environs, jusqu'au 20 septembre.

En vue de l'offensive du 25, il est porté à Izel-les-Hameau, à l'ouest d'Arras, mais rentre le 1ᵉʳ octobre à Raye-sur-Authie, entre Hesdin et Abbeville.

Du 14 au 21 octobre, il est envoyé à la garde de la côte de la Manche et de la voie ferrée entre Abbeville et Etaples ; puis il est rappelé pour fournir des détachements aux tranchées devant Angres et au Bois-en-Hache.

Le 19 novembre, le régiment cantonne autour de Labroye, sur la route Hesdin-Abbeville, à la traversée de l'Authie ; et il reste dans ces cantonnements jusqu'en février 1916, envoyant continuellement des détachements aux tranchées au sud d'Arras

En même temps, d'autres détachements assurent la police autour des voies ferrées de Frévent à Abbeville et d'Abbeville à Noyelles.

Le 12 février 1916, le régiment commence des étapes qui l'amènent dans la région de Songeons-Marseille en Beauvaisis-Grandvilliers. Il envoie de là des détachements aux tranchées devant Marquivilliers (région de Roye).

Cette situation reste sans changement jusqu'au 1ᵉʳ juin 1916, où le 9ᵉ Cuirassiers est transformé en régiment à pied.

FORMATION DU RÉGIMENT A PIED

L'ancien régiment à cheval forme le 1er bataillon. Le 2e bataillon comprend quatre escadrons de l'ancien groupe léger de la 3e division de cavalerie, dont deux autres escadrons rentrent dans la composition du 3e bataillon, ainsi que des éléments d'escadrons de réserve du 1er hussards et du 15e dragons. L'effectif est complété par des éléments du groupe cycliste de la 9e division de cavalerie dissoute et du groupe cycliste de la 3e division. En outre, le régiment comprend trois compagnies de mitrailleuses, dont l'une est l'ancienne compagnie de mitrailleuses du groupe léger.

Le lieutenant-colonel Thureau prend le commandement du régiment le 9 juin.

PÉRIODE D'INSTRUCTION

Après plusieurs étapes qui l'ont amené à Hangest-en-Santerre, le 9e Cuirassiers à pied revient aux environs de Grandvilliers. Il fait de l'instruction à Dargies, du 29 juin au 10 août, puis à Richemont (environs d'Aumale).

Le 20 août il est embarqué en T. M. et débarqué à Lamotte-en-Santerre, où il est mis à la disposition du 33e corps d'armée.

BATAILLE DE LA SOMME (30 août - 12 novembre 1916).

Le 30 août, le régiment entre en ligne avec son 3e bataillon entre Biaches et la ferme Sormont ; le 31 août, le 2e bataillon fait la relève dans le village de Biaches. L'activité est grande dans ce secteur, et intense à la gauche du régiment, sur la rive droite de la Somme.

Coopération à l'attaque de Cléry (3 septembre 1916).

Le 3 septembre, la 66e division de chasseurs à pied attaque Cléry. Le peloton du lieutenant du Vigier, de la 1re compagnie de mitrailleuses, en batterie à l'est du bois du Chapitre, coopère par ses feux de flanquement à cette attaque. La 3e compagnie de mitrailleuses du lieutenant de Montmarin prend aussi part à l'opération du haut des collines au sud-ouest de la ferme Sormont.

Prise d'Ommiécourt-lès-Cléry (5 septembre 1916).

Le hameau d'Ommiécourt est situé à l'extrémité d'une presqu'île dont le canal de la Somme coupe la base entre Sormont et l'écluse située à l'est de Buscourt.

Le 5 septembre, au matin, notre première ligne sur la rive gauche de la Somme longeait le canal depuis Biaches jusqu'à Buscourt.

Pour arriver à Ommiécourt, il fallait franchir ce canal, pris d'enfilade par les batteries de la région de Péronne, puis traverser environ mille mètres de terrain découvert et dominé par les hauteurs du mont Saint-Quentin.

Le village d'Ommiécourt lui-même est peu important, mais les renseignements faisaient complètement défaut sur son organisation et son occupation, comme sur l'organisation de la presqu'île elle-même.

Les unités du 1er bataillon (commandant Gatelet) menèrent à bien cette mission délicate, sous la direction du capitaine de Prunelé, avec son 1er escadron, soutenu par deux pelotons du 2e escadron, sous les ordres du capitaine West, et le peloton de mitrailleuses du lieutenant du Vigier.

Le 5 septembre à 11 heures, des patrouilles commandées par le lieutenant Ducrocq et le sous-lieutenant Meunier traversent le canal et s'approchent de la lisière d'Ommiécourt. Elles ne remarquent jusque-là aucun obstacle, tandis qu'une patrouille du 3⁰ groupe cycliste partie de Sormont peut reconnaître à la lisière sud du village une tranchée occupée.

Les renseignements de ces patrouilles aventureuses achèvent de préciser les dernières dispositions à prendre.

Le 3 septembre, une passerelle avait été construite à l'écluse, puis démolie par l'artillerie ennemie dans la nuit du 3 au 4. Dans la journée du 4, le 1er bataillon construit un pont de fortune à proximité de la ferme Sormont, et pendant que l'ennemi cherche à détruire ce passage, une autre passerelle est établie dans la nuit du 4 au 5 à l'écluse.

L'attaque devait aborder le village à 17 heures.

C'est sans encombre que les troupes d'attaque venues de Buscourt terminent le passage du canal à 16 heures 30.

La marche d'approche s'effectue également sans être troublée. Le capitaine de Prunelé profite d'une légère ondulation du terrain pour dissimuler son escadron. A ce moment, le temps déjà couvert tourne à la pluie et favorise la marche que nos avions survolent de très bas.

A 17 heures, nos éléments sont en place et débouchent de la partie nord de la presqu'île sur la lisière ouest du village.

Leur élan n'est ralenti que par notre propre tir de barrage méthodiquement réglé.

La collaboration de l'artillerie a grandement contribué au succès de l'attaque par une puissante préparation sur le village d'Ommiécourt et par une contre-batterie si efficace que l'artillerie ennemie n'a causé aucune perte à nos éléments, ni pendant le délicat passage du canal ni pendant les mille mètres de traversée en terrain découvert.

La garnison d'Ommiécourt a été entièrement anéantie ou mise en fuite. Nos cuirassiers ne font prisonniers que les dix-huit premiers et seuls Allemands qu'ils rencontrent. Il s'en est fallu de peu qu'une mitrailleuse ne fît des ravages dans les rangs du 1er escadron, mais elle ne put être mise en batterie, grâce au sang-froid et à la décision du cavalier Salé et du maréchal des logis Izambart.

L'abri des mitrailleurs allemands avait deux issues, l'une dans le talus d'une route en déblai, axe de marche de nos troupes, et l'autre dans le talus d'un petit chemin de fer qui croisait la route à angle droit.

Salé, qui commandait une escouade de grenadiers, marchait sur le talus de la route. Il ne vit pas les entrées, mais remarqua une cheminée d'aération de l'abri allemand. Aussitôt, grenades et coups de fusil de pleuvoir par la cheminée sur les Allemands. Puis Salé aperçoit l'entrée du talus de la route. Il s'y présente seul avec le plus grand sang-froid. Impressionnés par une telle assurance, une douzaine d'Allemands se rendent à cet homme seul.

En même temps le maréchal des logis Izambart arrivait à l'autre issue. Une mitrailleuse était près de la porte et allait être mise en batterie. Mais il était trop tard. Surpris, six autres Allemands lèvent les bras, et la mitrailleuse est capturée.

Tout l'escadron peut ainsi avancer sans difficulté, et à 18 h. 30, tout le village était entre nos mains et toute la presqu'île occupée.

Cette affaire, qui ne nous a coûté que des pertes insignifiantes, met en valeur l'initiative et l'habileté manœuvrière des exécutants.

La position d'Ommiécourt était importante. Dans la nuit du 6 au 7 septembre, les mitrailleuses du lieutenant du Vigier contribuèrent par leur action de flanc à un nouvel échec d'une contre-attaque allemande sur Cléry.

Après ce succès le 1er bataillon a été appelé, le 7 septembre au soir, à la garde du point délicat de la Maisonnette, important observatoire formant saillant en avant de nos lignes.

Du 13 au 29 septembre, le régiment est en réserve près du Hamel et de Villers-Bretonneux.

Le 30 septembre, il remonte en ligne à Biaches et à la Maisonnette jusqu'au 8 octobre.

Nouvelle période de repos jusqu'au 31 octobre à Berny-sur-Noye, près d'Ailly-sur-Noye, après laquelle le régiment monte en ligne devant Barleux jusqu'au 12 novembre. Le secteur est assez agité et ce dernier séjour est particulièrement pénible.

SECTEUR DE TRACY-LE-VAL (du 17 novembre 1916 au 7 mars 1917).

Le 9e Cuirassiers est remis à la disposition de la 3e division de cavalerie. Il est embarqué à Conty en chemin de fer et débarqué à Compiègne.

A partir du 17 novembre, il tient le secteur au nord et au nord-ouest de Tracy-le-Val. Pendant cette occupation il a effectué plusieurs coups de main réussis et repoussé les tentatives analogues de l'ennemi.

La mort héroïque du maréchal des logis Boley (22 janvier 1917).

Le maréchal des logis Boley avait été chargé de l'attaque par surprise d'un poste d'écoute allemand.

Dans la nuit du 21 au 22 janvier 1917, à 1 h. 30 du matin, il sortait de nos tranchées avec sa patrouille, composée de six cavaliers du 6e escadron : Mimar, Courmont, Ponseel, Nolasque, Vandermouten et Leyendecker.

Une demi-section de la même unité était en réserve.

La patrouille arrive aux fils de fer ennemis et y pratique une brèche où elle se glisse. Le poste est presque atteint. Il n'est plus qu'à quelques mètres, lorsque surgit un obstacle imprévu : un grillage d'un mètre cinquante de haut se dresse, insoupçonné jusque-là. Nos hommes veulent le couper. Ils sont éventés et reçoivent quelques coups de feu. Sans perdre son sang-froid, le maréchal des logis, qui parlait très bien l'allemand, interpella les factionnaires du poste, en leur donnant l'ordre de cesser le feu et de lui indiquer la chicane pour lui permettre de rentrer dans le poste allemand, leur disant qu'il était officier allemand et qu'il s'était égaré. Une sentinelle lui demanda le mot, mais Boley lui répliqua qu'il n'y avait pas de mot pour les officiers et qu'il ferait punir en rentrant ce soldat qui lui manquait de respect. Impressionné, le factionnaire appela son chef de poste.

Alors le maréchal des logis Boley sentit que la ruse allait être éventée. Arrivé aussi près du but, il voulut au moins causer à l'adversaire le plus de dommage possible. A son signal, nos grenadiers bombardent le poste ennemi. Les Allemands répondent à coups de grenades, à coups de fusil, à coups de revolver même. Les munitions s'épuisent, mais l'acharnement de nos hommes est magnifique. Ils reviennent chercher des grenades à la demi-section de soutien, et repartent bombarder le poste allemand. C'est alors que le maréchal des logis Boley est frappé d'une balle de revolver en plein cœur. Il tombe sans prononcer une parole. Deux de ses hommes, Ponseel et Nolasque, sont blessés au même instant. L'action de la patrouille est arrêtée.

Nos hommes n'abandonnèrent pas leur sous-officier et leurs camarades blessés. Sous le feu de mousqueterie et de mitrailleuses déclenché par l'ennemi en éveil, les quatre hommes restants ramenèrent dans nos lignes le corps du maréchal des logis Boley et leurs deux camarades blessés. Le retour se fit sans hâte, dans le plus bel ordre, sous la protection de la demi-section de soutien.

Coup de main du 25 janvier 1917.

Après une préparation d'artillerie, le sous-lieutenant de Cussy, du 2e escadron, se porta avec un petit groupe de grenadiers et de voltigeurs sur un saillant des lignes allemandes au nord-est de Tracy-le-Val. Les Allemands avaient évacué leurs tranchées. Bien qu'aucun prisonnier n'ait été fait, les abris ennemis avaient été bouleversés, et la reconnaissance des lignes ainsi faite fut très utile pour l'opération qui eut lieu le 3 février.

Coup de main du 3 février 1917.

A la suite d'une étude minutieuse, un nouveau coup de main est exécuté sur le même point le 3 février, sous la direction du chef d'escadrons de Vaucresson, commandant le 2e bataillon, par le 6e escadron du capitaine de Reviers.

Trois groupes, commandés respectivement par le lieutenant de Sartiges, le sous-lieutenant d'Elva et le sous-lieutenant Chassaing y prennent part.

Une préparation d'artillerie très efficace favorise le départ des troupes d'attaque qui s'élancent à 17 h. 25 et parviennent jusqu'à la deuxième tranchée allemande.

Les abris allemands sont nettoyés, et quelques prisonniers sont faits par les groupes du lieutenant de Sartiges et du sous-lieutenant d'Elva. Le sous-lieutenant Chassaing a plus de chance encore, et ramène un groupe important de fantassins du 149e régiment (213e division allemande).

La première vague avait dépassé avec ardeur la première tranchée ennemie, non sans y avoir jeté des grenades, et arrivait à la deuxième tranchée, où elle continuait son travail. Le sous-lieutenant Chassaing était chargé de conduire une fraction de la deuxième vague. Au moment donné, il se trouve seul devant l'entrée d'un abri de la première tranchée allemande. Il y entend du bruit. C'est que les grenadiers de la première vague sont passés un peu vite; et il reste encore du monde en dessous. « Sortez », leur crie le sous-lieutenant Chassaing. Mais les Allemands ne bougent plus.

Arrive alors le cavalier Chatelain, agent de liaison porteur d'un ordre pour le sous-lieutenant Chassaing. Celui-ci profite de ce secours inespéré et prend vite sa décision. Chatelain n'avait plus sur lui que des grenades. L'officier lui passe son revolver. On vérifie le fonctionnement de la lampe électrique de poche de Chatelain, et celui-ci descend tranquillement, seul, dans l'abri, tandis que l'officier, sans arme, attend à la sortie.

Dans l'abri étaient disposées des couchettes de part et d'autre. Une à une, Chatelain les visite avec sa lampe de poche, le plus calmement du monde. Il n'y a plus personne! Si, cependant, tout au fond de l'abri, voilà tous les Allemands serrés les uns contre les autres. Un instant d'éclairage avec la lampe électrique, un geste de l'autre main avec le revolver, et tous lèvent les bras. Un par un, Chatelain les fait sortir, le sous-lieutenant Chassaing les recueille à la porte, les groupe et les aiguille dans la bonne direction, vers nos lignes.

La prise était bonne : les Allemands étaient dix-neuf.

Ce coup de main eut les honneurs du communiqué officiel, sur lequel on mentionnait, le 4 février à 15 heures : « Entre l'Oise et l'Aisne, nous avons réussi un coup de main sur les tranchées allemandes de la région de Tracy-le-Val, et ramené 22 prisonniers. »

Échec d'un coup de main allemand le 18 février.

Les Allemands voulurent venger ces échec sensibles auxquels s'ajoutaient d'autres subis dans le secteur voisin. Le 18 février, à 4 heures du matin, un tir extrêmement violent de torpilles et d'artillerie de gros calibre s'abattait brusquement sur Tracy-le-Val, tenu ce jour-là par le 1er bataillon. Puis ce tir s'allongea, et un groupe d'infanterie ennemi, estimé à une demi-section, s'avança sur la droite du secteur tenu par le 9e Cuirassiers. Le sang-froid du fusilier-mitrailleur Valteau, du 1er escadron, et la précision du tir des mitrailleuses de la 1re compagnie firent complètement échouer cette attaque. Le groupe ennemi s'arrêta; puis fit demi-tour, tombant alors sous le barrage de notre artillerie.

L'ennemi n'avait pas pu aborder nos lignes, et il laissait devant nos fils de fer plusieurs cadavres, du même 149e régiment.

Malheureusement, nous avions à déplorer quelques pertes. Le lieutenant Martin du 1er escadron, connu dans tout le régiment par sa bravoure et son entrain, trouva la mort en se portant à son emplacement de combat.

Le coup de main du 3 février avait été cité comme un modèle par le général Fayolle, commandant la 1re armée. La résistance du 18 février valut aux troupes les compliments du général Robillot, commandant la 1re division de cavalerie et le secteur de la forêt de Laigue.

Coup de main du 5 mars 1917.

Des éléments du 5e escadron, sous le commandement du lieutenant Wagner, étaient chargés d'attaquer une tranchée allemande au nord-ouest de Tracy-le-Val, afin de faire des prisonniers.

L'aspirant Parise se distingua particulièrement dans cette opération vivement menée, ainsi que le sous-lieutenant de Carbuccia, qui captura de sa main un Allemand du 366e régiment, resté seul dans la tranchée évacuée systématiquement par l'ennemi.

Le cavalier Mathieu, blessé au début de l'action, y prit part en entier et ne se laissa évacuer qu'ensuite, faisant preuve d'une belle endurance.

PÉRIODE DU 7 MARS AU 27 AVRIL 1917.

Le 9ᵉ Cuirassiers est relevé le 7 mars et fait mouvement par étapes sur Grandvilliers. Mais il est rappelé par alerte le 16 mars, les Allemands effectuant leur grand repli. Il ne prend cependant pas part à la poursuite et reste dans les carrières d'Elincourt-Sainte-Marguerite jusqu'au 23 mars.

Il est ensuite dirigé par étapes sur Coyolles (environs de Villers-Cotterets), où il reste jusqu'au 10 avril.

En vue de l'exploitation de l'offensive du 16 avril, le 9ᵉ Cuirassiers est porté avec le corps de cavalerie, par la Ferté-Milon, sur Fismette et Révillon. Il doit en revenir, et se trouve le 24 avril à Saint-Jean-les-deux-Jumeaux (environs de Meaux).

SECTEUR DE LAFFAUX (22 avril-10 mai 1917).

Le 27 avril, le régiment est embarqué par alerte en T. M. et débarqué à Amblény (ouest de Soissons).

Il forme avec le 4ᵉ et le 11ᵉ Cuirassiers une division provisoire sous les ordres du général Brécard, commandant la 5ᵉ division de cavalerie. Le colonel Destremeau est commandant de l'infanterie.

Le 1ᵉʳ bataillon monte en ligne devant Laffaux le 29 au soir, et pendant plusieurs jours prépare le terrain pour les attaques projetées.

Attaque du moulin de Laffaux (5 et 6 mai 1917).

Le 1ᵉʳ bataillon avait d'abord été désigné pour mener l'attaque. Celle-ci ayant été retardée, il dut, par suite de sa fatigue, céder avec regret sa place au 2ᵉ bataillon.

Dans la nuit du 4 au 5 mai, une opération de détail nous permit d'occuper un élément de la tranchée du Cerf, située à proximité de la tranchée du Rouge-Gorge, première ligne allemande.

Le 5 mai, à 4 h. 45, le bataillon de Vaucresson partit à l'attaque. Dès son départ, il fut accueilli par le feu violent de mitrailleuses placées sous des abris bétonnés dont l'artillerie n'avait pas eu raison.

Tous les officiers du 5ᵉ escadron (capitaine de Chasteigner, lieutenant Wagner, sous-lieutenant de Carbuccia) et l'aspirant Parise tombent. Il ne reste plus qu'un officier, le sous-lieutenant Réau, à l'escadron de gauche (7ᵉ). Rien ne peut arrêter l'ardeur de nos hommes. Le maréchal des logis Domère entraîne ce qui reste du 5ᵉ escadron.

La tranchée du Rouge-Gorge est débordée et dépassée, tandis que de fortes patrouilles de nettoyeurs s'emploient à la débarrasser de ses derniers occupants. La lutte est dure, les Allemands refusent pour la plupart de se rendre. Une trentaine de prisonniers seulement sont renvoyés à l'arrière. La progression est fortement ralentie par le tir de nombreuses mitrailleuses invisibles, qui semblent former deux nids principaux : l'un vers le Moulin de Laffaux, l'autre vers le boyau de l'Ibis.

Le 3ᵉ bataillon, qui est en soutien, envoie sur chacun de ces points un escadron de renfort. Le centre de résistance puissamment organisé au Moulin de Laffaux est bientôt réduit, grâce à l'appui du 10ᵉ escadron (lieutenant Robert), et à l'intervention de deux chars d'assaut appelés par le commandant du 2ᵉ bataillon, et qui ont raison à bout portant de mitrailleuses dissimulées sous leurs abris, dans les ruines et dans les trous d'obus. Deux mitrailleuses allemandes sont prises en ce point.

Du côté du boyau de l'Ibis, il faut progresser pied à pied à la grenade. Le sous-lieutenant de Bonnefoy, du 9ᵉ escadron, vient avec son peloton au secours de l'adjudant Lécuyer, du 7ᵉ escadron. Il avance jusqu'à l'extrémité nord du boyau de l'Ibis, tandis que l'adjudant Lécuyer vient à bout d'un abri où résistaient 45 Allemands. Le cavalier Husson s'empare d'une mitrailleuse dont le tir nous a causé jusque là des pertes considérables.

Le 2ᵉ bataillon a été très éprouvé ; le lieutenant Bengué, officier mitrailleur, dont toutes les pièces ont été détruites par le bombardement, a rallié les débris des 5e et 6e escadrons privés d'officiers.

Le colonel engage alors le 3e bataillon à sa droite et sur la même ligne.

A 18 heures, nos troupes, dans un nouvel élan, atteignent à gauche la route de la Motte au Moulin de Laffaux et dépassent à droite la tranchée du Loup.

La nuit se passe sur les positions ainsi conquises.

Dans la matinée du 6, le colonel Thureau fait relever le 2e bataillon par le bataillon Boulenger (3e) et place en soutien le bataillon Gatelet (1er) qui était le 5 en réserve de division, et qui revient à sa disposition.

Une nouvelle attaque est lancée le 6 à 16 heures. Le bataillon Boulenger, soumis depuis un certain temps à un violent tir de barrage ennemi, s'élance sans hésitation.

En peu de temps, malgré des pertes sérieuses, il atteint les objectifs qui lui sont assignés. Sa droite borde le ravin d'Allemant, au sud des bois du Mont de Laffaux. Son centre arrive à la grande carrière 66 *ter*, où les maréchaux des logis Rouziès et Desmartins engagent un combat à la grenade et font prisonniers 3 officiers et 50 hommes. Sa gauche avance jusqu'aux pentes d'où la vue s'étend sur le ravin et le village d'Allemant.

Malheureusement ces succès ne peuvent être intégralement maintenus. A droite, le régiment voisin n'a pu progresser aussi vite sur la cote 170, ce qui oblige le bataillon à replier sa droite en crochet face à l'est. Au centre, les éléments qui combattaient dans la carrière 66 *ter* doivent s'établir à 200 mètres au sud, car il est impossible de leur porter des grenades sur un terrain découvert battu de tous côtés par le feu de nombreuses mitrailleuses. A gauche, le château de la Motte est ardemment disputé. Dans la nuit du 6 au 7, il doit être abandonné, ce qui oblige notre gauche à s'établir en crochet face au nord, dans une situation délicate.

Les Allemands en profitent dans la matinée du 7 pour s'infiltrer à nouveau vers le point 166,4 et dans la partie nord du boyau de l'Ibis. Le colonel donne l'ordre au bataillon de soutien d'attaquer par sa gauche, pour dégager le point culminant situé au sud-ouest de la fourche 166,4 dont la possession assurerait à l'ennemi un observatoire sur toutes nos lignes.

Après une préparation d'artillerie, le 3e escadron attaque à la grenade à 18 heures. La lutte est ardente. Cet escadron perd tous ses sous-officiers. Le brigadier Eyber et quatre hommes parviennent à se cramponner à l'extrémité du boyau de l'Ibis. On leur envoie le renfort qu'ils réclament. La position est ainsi occupée solidement et la ligne bien étayée.

L'ennemi, entièrement dominé, n'a fait depuis aucune contre attaque. Dans les journées du 8 et du 9, les positions conquises sont rapidement organisées.

ÉPISODE DE LA CARRIÈRE 66 TER

Au centre de l'objectif assigné au 3e bataillon le 6 mai se trouvait la carrière 66 *ter*, près de la route qui descend sur la partie sud du village d'Allemant.

Le maréchal des logis Rouziès, du 9e escadron, aperçoit au cours de sa progression une cheminée d'aération, qui lui indique la proximité du but. Les entrées des carrières sont tournées vers l'ennemi et sous le feu de ses mitrailleuses. Ne connaissant pas exactement leur disposition, Rouziès détache deux grenadiers, Panis vers la droite et Mounié vers la gauche, pour la reconnaître. Mounié arrive le premier à une entrée. Il y voit une sentinelle. Quelques grenades, et la sentinelle s'éclipse à l'intérieur des carrières. Une seconde entrée se présente. Rouziès la fait surveiller par des fusils mitrailleurs, et, rassemblant une douzaine de cuirassiers, pénètre hardiment dans la carrière 66 *ter*.

L'obscurité la plus complète y règne, le plus grand silence aussi. Et pourtant, d'après les déclarations de prisonniers, ce devrait être l'abri d'au moins une compagnie. Tout à coup un flot de lumière aveugle notre petite troupe. Une porte s'est ouverte, montrant une chambre brillamment éclairée. Panis s'approche de la porte ; ébloui par la lumière, il ne voit pas un officier allemand qui, à bout portant, tire sur lui plusieurs coups de revolver. Mais il n'est pas atteint. La porte se referme brusquement, et la brave équipe de Rouziès se trouve de nouveau dans l'obscurité complète. Elle n'a que des grenades ; aucun adversaire ne décèle plus sa présence. Comment faire ?

Enfin Panis retrouve la porte de tout à l'heure. Elle est enfoncée en un clin d'œil. La chambre est luxueusement meublée avec le dernier confort. Mais son occupant a dû fuir par quelque issue cachée. Il reste des papiers en désordre dans le tiroir d'une table. Le cavalier Demange remarque un appareil téléphonique ; il porte l'écouteur à son oreille. Il y entend un bruit de voix : on l'appelle. Parlant très bien l'allemand, Demange engage la conversation avec son interlocuteur inconnu. Mais celui-ci, au bout de quelques phrases, découvre sans doute la supercherie ; il se tait. Demange rend alors l'appareil inutilisable.

Rouziès continue à fouiller les recoins de la carrière. Le voilà en présence de trois officiers allemands. Une sommation, et ils se rendent.

Nos braves repartent dans la carrière, éclairés quelque peu par la porte laissée ouverte de la chambre au téléphone. Mais cette fois l'ennemi manifeste sa présence. Comment décrire cette lutte épique dans une obscurité presque complète, à coups de grenades et à coups de revolver ? Combien ont-ils d'adversaires en face d'eux ? Nos cuirassiers l'ignorent ; ils vont toujours de l'avant. Tout à coup, ils distinguent un groupe d'ennemis qui lèvent les bras, découragés. Il y en a une cinquantaine. Rouziès expédie tous ses prisonniers à la sortie, avec deux ou trois gardiens pour les ramener vers l'arrière. Mais, à peine dehors, tout le groupe est pris sous le feu des mitrailleuses ennemies qui y font des ravages. Il devient très difficile de traverser ce terrain de jour.

Après avoir ainsi progressé avec sa petite troupe dans la carrière, Rouziès dut prendre le parti de s'en tenir là. Les Allemands résistaient maintenant énergiquement et refusaient de se rendre. Sa poignée d'hommes, malheureusement réduite, était à la merci d'un incident ; et il avait perdu la liaison avec le reste de notre ligne de combat. Evitant des pertes inutiles, il attendit la nuit, face à face avec l'ennemi ; puis, ralliant son monde, il sortit de la carrière, et à 200 mètres de là reprit sa place dans nos lignes, qui, selon les ordres supérieurs, étaient en train de s'organiser.

REPOS A VILLERS-COTTERETS

Le régiment a été relevé du secteur de Laffaux le 10 mai et embarqué en T. M. à Soissons le 12 pour Villers-Cotterets, où il est resté jusqu'au 31 mai.

CITATION DU RÉGIMENT A L'ORDRE DE L'ARMÉE

ORDRE GÉNÉRAL N° 325.

Le 9ᵉ régiment de Cuirassiers à pied :

« Sous les ordres du colonel Thureau, a remarquablement préparé et organisé le terrain des attaques autour du moulin de Laffaux.

« Les 5 et 6 mai 1917, s'est porté à l'assaut avec un magnifique élan, a enlevé le Moulin et toute la première position ennemie, capturé un grand nombre de prisonniers, pris un matériel considérable. Malgré de violentes contre-attaques, a réussi à s'organiser sur le terrain conquis. »

Au Q. G. A., le 26 juin 1917.

Le Général commandant la IIIᵉ armée :

HUMBERT.

DÉCORATION DE L'ÉTENDARD

Le général Pétain, commandant en chef les armées du Nord et du Nord-Est, est venu lui-même accrocher la croix de guerre avec palme à l'étendard du 9ᵉ Cuirassiers.

La parade de décoration qui s'est déroulée à Blérancourt le 11 juillet réunissait les trois étendards de l'ancienne division provisoire Brécard.

REVUE DU 14 JUILLET

L'étendard du 9e Cuirassiers a participé, au milieu de tous les emblèmes décorés, à la revue passée à Paris le 14 juillet par le président de la République sur le cours de Vincennes, puis au défilé qui a suivi, au milieu de l'enthousiasme des Parisiens.

Une délégation de 30 hommes, tous décorés de la croix de guerre, lui servait d'escorte.

SECTEUR DE BARISIS (depuis le 1er juin 1917).

Le régiment a occupé d'une façon continue depuis le 1er juin le centre de résistance de Barisis. Les bataillons s'y sont succédé, organisant le secteur.

En outre, à plusieurs reprises, il a tenu le secteur boisé de l'Epinois, à la lisière est de la Basse Forêt de Coucy, au nord de Barisis.

Il ne s'est déroulé aucun combat important. Le 14 juillet, l'ennemi a exécuté, après un vif bombardement, un coup de main sur un de nos petits postes au sud-est de Barisis.

Le 3e bataillon a été détaché le 28 août au centre d'instruction de l'artillerie d'assaut à Orrouy (près de Crépy-en-Valois).

PÉRIODE DU 1ᵉʳ SEPTEMBRE AU 27 DÉCEMBRE 1917

SECTEUR DU BARISIS, DE L'EPINOIS ET DU CROTTOIR

Pendant cette période de quatre mois, le 9ᵉ Cuirassiers à pied fait sentir à l'ennemi son énergie et sa ténacité en lui opposant sans arrêt en première ligne au moins un bataillon — souvent deux en même temps — dans les secteurs confiés à la garde du 1ᵉʳ C. C. Que ce soit dans les fourrés marécageux de l'Epinois, les ruines si bien surveillées de Barisis ou les carrières bouleversées du Crotoir, partout les escadrons rivalisent d'audace dans leurs patrouilles et de persévérance dans l'effort de leurs travailleurs.

D'ailleurs, cette zone du front, comprise entre les deux foyers sans cesse embrasés de Saint-Quentin au nord et du Chemin des Dames au Sud, est essentielle pour les Allemands. Aussi sous les hautes futaies et dans les carrières profondes de Saint-Gobain, bien souvent notre artillerie, prévenue par les prisonniers que cueillent nos cuirassiers dans leurs patrouilles aventureuses, surprend des rassemblements de troupes.

Outre l'énervement que lui cause ce harcèlement continuel, le commandement allemand conçoit d'autres soucis. Dès le début d'octobre, il se doute de la préparation d'une attaque française dans la région de Pinon. Jusqu'où s'étendra-t-elle ? Puis il s'aperçoit que le front tenu par l'armée britannique va s'étendre vers le sud. Où va se trouver la soudure des armées alliées ? C'est pour répondre à ces deux points d'interrogation, si importants pour lui, que l'ennemi s'acharne à vouloir nous faire des prisonniers. Il déclenche toute une série de coups de main dans le secteur tenu par le 1ᵉʳ C. C. (le 14 octobre, le 4, le 17, le 22 et le 30 novembre). Plusieurs trouvent devant eux des cuirassiers du 9ᵉ, en particulier le 17 novembre, où le 10ᵉ escadron et la 3ᵉ C. M., malgré des pertes sensibles, s'opposent dans le C. R. du Crotoir à la réussite des projets allemands.

Coup de main du 30 novembre.

Toutefois l'opération qui est la plus intéressante à étudier est celle qui fut tentée le 30 novembre, à 7 h 30, sur le bataillon Larmoyer, dans le C. R. du Crottoir par le *Sturm Bataillon* nᵒ 7. Rarement une troupe ne prouva plus magnifiquement ce dont elle est capable quand elle possède sur l'ennemi la supériorité du moral.

Certes, le commandement ennemi était en droit d'attendre de bons résultats de son coup monté avec les raffinements les plus minutieux de la science guerrière allemande. Les détails les plus infimes avaient été étudiés avec soin, comme le prouvèrent les équipements des différents spécialistes qui prirent part à l'attaque.

Les moyens mis en action par l'artillerie furent de premier choix et d'une abondance qui en disait long sur le désir de réussir qui animait les E. M. Tout cela vint cependant piteusement échouer contre le moral supérieur des cuirassiers du 2ᵉ escadron et de la 1ʳᵉ C. M., à qui était confiée la garde du P. A. Carrières.

Que ce soit la volonté directrice des capitaines Nouvel et de Ferque qui, blessés dès le début de l'action, refusent de se laisser évacuer, ou la froide énergie du lieutenant de Cussy et du maréchal des logis Le Royer qui, à la tête de leurs hommes, s'opposent à la grenade à la progression de l'ennemi, ces qualités de leurs chefs sont depuis des semaines devenues celles de tous. Le sentiment du devoir et l'abnégation ont raison de la surprise traîtresse des hommes et du déchaînement de toutes les forces matérielles.

Bien mieux, la confiance absolue dans sa propre supériorité est si grande au cœur de chacun, que l'on voit, par exemple, le cavalier Ollagniez tombé blessé aux mains de l'ennemi garder assez de présence d'esprit et de calme pour égarer son gardien allemand dans un dédale de tranchées et finalement le ramener prisonnier à ses camarades ravis de ce bon tour. Faut-il citer encore l'agent

3

de liaison Latestère, qui, en portant un ordre et rencontrant un Allemand blessé, lui enlève son arme parce qu'elle lui semble curieuse. C'était une mitrailleuse légère, d'un modèle tout nouveau ! Que dire enfin de l'initiative intelligente dont fait preuve le brigadier mitrailleur Fremerie? Surpris par le barrage d'artillerie alors qu'avec ses deux servants, Sénéchal et Gosset, il se rendait à un emplacement de tir contre avions, il saute hors du boyau, se rend compte du danger qui menace ses camarades et spontanément ouvre le feu, malgré l'absence de tout abri. Il venge largement la mort de ses camarades Richez et Pruvost, tués sur leurs pièces aux S. M. des Carrières.

Si pendant cette période, le 9ᵉ Cuirassiers fait montre dans la défensive d'un tel ascendant sur son adversaire, il saisit avec joie toutes les occasions qui lui sont offertes d'agir plus activement encore. C'est ainsi que tout le monde se prépare avec entrain, vers le milieu d'octobre à prendre, part à une opération offensive sur Fresnes et éventuellement Saint-Gobain. Le commandement y ayant renoncé, le 3ᵉ bataillon se fera envier par les deux autres en prenant une part glorieuse à l'attaque victorieuse du fort de la Malmaison, le 23 octobre 1918.

Attaque de la Malmaison.

Détachés depuis plusieurs semaines à Gilocourt, les trois escadrons du bataillon Boulenger se sont rompus aux manœuvres d'accompagnement de chars d'assaut. Transportés dans la région du Chemin des Dames, ils travaillent dès le 14 octobre à préparer des cheminements aux batteries de chars qu'ils doivent accompagner, le jour de l'attaque, à travers le terrible plateau entre la ferme Mennejean et la ferme Many.

La mise en place des chars, pour l'heure H : 5 h. 45 dans la nuit du 22 au 23, nécessite déjà de la part des cuirassiers un travail presque surhumain tant sont abruptes les pentes à gravir, rendues encore plus impraticables par les pluies des jours précédents et par le bouleversement qu'y produisent les lourds obus allemands.

Mais la traversée du plateau va demander aux troupes d'accompagnement de bien plus solides qualités encore. Parmi tous les traits d'héroïsme que cachent à jamais la brume du jour levant et la fumée des éclatements, ne laissons pas disparaître l'épique collaboration de la section du sous-lieutenant Dollé et de la batterie de chars d'assaut du lieutenant Murat.

De cette batterie, trois chars seulement ont réussi à vaincre les difficultés du terrain et à traverser le barrage allemand. Qu'importe ? La mission est de marcher sur le fort de la Malmaison : il faut la remplir. Dans ce terrain chaotique, sous les rafales incessantes des mitrailleuses allemandes, dans le vacarme infernal de nos barrages roulants et des éclatements ennemis, le maréchal des logis Demorget, aussi calme qu'à la manœuvre, va diriger le lieutenant Murat sur son objectif, en marchant une badine à la main à dix pas devant son char. Un obus immobilise l'appareil, impossible de le réparer. Le lieutenant Murat monte dans un des deux qui lui restent, et il trouvera, à dix pas devant lui, son guide toujours aussi calme et aussi déterminé. De nouveau, une rafale écrase le char. Qu'importe ? Il en reste encore un et le but n'est plus loin, le lieutenant Murat y court précédé du maréchal des logis Demorget et la marche reprend. Le sous-lieutenant Dollé et les hommes qui lui restent se sont ralliés à cet appareil qui avance encore, et ensemble ils arrivent au delà du fossé sud du fort. L'énorme machine y reçoit un obus de plein fouet. Dans la fumée, le lieutenant Murat en sort avec une mitrailleuse. Tout le monde a compris : le terrain a été enlevé, il s'agit de le conserver. Les cuirassiers oublient leur rôle de spécialistes et redeviennent des fantassins. Ils creusent, ils organisent le terrain, et quand leurs camarades des vagues d'assaut arriveront, ils trouveront le travail déjà bien ébauché.

D'ailleurs, tout le long du front, tout le monde a compris son devoir de la même façon : aider les chars tant qu'ils sont utilisables, sinon se rallier sur l'ennemi. C'est ainsi que l'adjudant Bottler et le maréchal des logis Beaugrand agissent avec leurs pelotons; et aussi le fusilier-mitrailleur Langlet qui, dans un duel à mort, met à lui seul hors de combat une mitrailleuse ennemie.

Employés au milieu de divisions d'élite, partout les cuirassiers ont soulevé l'admiration par leur mordant et leur froide résolution.

PÉRIODE DU 28 DÉCEMBRE 1917 AU 22 MARS 1918.

Formation de la 1re D. C. P.

Après un court repos à Varesnes, près de Noyon, le régiment se porte dans la région de Vic-sur-Aisne où se constitue, le 15 janvier 1918, la 1re division de cavalerie à pied (1re D. C. P.) sous les ordres du général Brecard.

Le général Destremau commande l'infanterie de la division (I. D.) constituée par les 4e, 9e et 11e régiments de cuirassiers à pied.

Les dénominations de compagnie et de section remplaceront dorénavant celles d'escadron et de peloton.

Période d'instruction.

Jusqu'au 19 février, le régiment, dans ses cantonnements d'Ambleny, Ressons et Gorgny, fortifie encore ses qualités militaires. Dès ce moment le général Franchet d'Esperey n'a pas caché qu'il compte tout spécialement sur la D. C. P. pour enrayer l'offensive formidable par laquelle les Allemands espèrent terminer la guerre au printemps. Tout le monde se prépare avec ardeur à cette glorieuse mais lourde tâche.

Le colonel Thureau, par son impulsion savante et énergique, achève de faire du régiment une arme de guerre d'une trempe magnifique.

Organisation défensive de la 2e position.

Du 21 février au 7 mars, le régiment va donner une première preuve de ce dont il est capable en organisant de toutes pièces, sur le front du Marais-Lissandre-Guny-Pont-Saint-Mard-le-Point-du-Jour, la deuxième position du secteur tenu par la 161e D. I. — Le général Leboucq, commandant cette division, adresse au colonel ses félicitations pour la science militaire dont ont fait preuve ses officiers pour asseoir cette organisation défensive dans un terrain si varié et aussi pour l'ardeur avec laquelle les cuirassiers ont réalisé pratiquement les conceptions de leurs chefs.

Repos dans la zone de Senlis.

Le régiment se rend ensuite par étapes, d'abord dans ses anciens cantonnements de la zone de Vic-sur-Aisne, et ensuite, avec toute la 1re D. C. P., dans la zone de Senlis, où il arrive le 16 mars à Rully, Barbery et Montepilloy pour y goûter un peu de repos.

LES GRANDES BATAILLES DE 1918.

I. — La bataille de Noyon (23-28 mars).

Comment débutèrent les formidables attaques allemandes, par lesquelles l'ennemi aux abois essaya en 1918 de rompre l'étreinte des alliés et d'obtenir enfin la paix, est-il besoin de le rappeler ?

La ruée subite de tous les corps d'armée du général Von Hutier, en ébranlant la 5e armée britannique, mettait en grand danger tout le dispositif allié. Si la rupture du front était obtenue entre Saint-Quentin et la Fère, c'était d'une part Paris directement menacé, d'autre part les armées françaises et britanniques brutalement séparées. Il fallait donc à tout prix gagner du temps et ne pas se laisser couper. Mais dans les moments les plus critiques, n'est-ce pas depuis toujours à la cavalerie que le commandement fait appel pour rétablir la situation ou sauver l'honneur ? Les successeurs des légendaires cuirassiers de Reichshoffen étaient tout désignés pour remplir une telle mission de sacrifice. Ce sera leur gloire de n'avoir failli ni aux traditions de leur arme, ni à celles de leur beau régiment.

Brusquement prévenus le 22 mars, dans la matinée, que la D. C. P. serait enlevée en autos dans la journée, les braves cuirassiers n'ont aucun doute sur leur destination ; la formidable canonnade que l'on a entendue toute la nuit là-bas dans le nord-est est un appel compris de tous. Conscients de leur force, ils se préparent avec calme. Certes la période de repos, promise depuis longtemps, ne fait que débuter. Mais comment s'amuser pendant que l'on se bat si près ? Marcher au canon a toujours été une manœuvre comprise par le troupier français. Aussi est-ce des hommes à la figure déterminée qui s'embarquent à 15 heures dans la longue file de camions automobiles sur la route de Senlis à Crepy-en-Valois, et eux à qui dès ce moment incombe une si lourde tâche, s'en vont, égayés par la radieuse beauté de cette journée de printemps, presque joyeux, à leur formidable destinée.

Pendant que les lourdes autos se hâtent vers Compiègne et Noyon, par Verberie, Pont-Sainte-Maxence et Arsy, dans le bourdonnement laborieux de tous leurs moteurs, les équipages acheminent plus lentement leur utile chargement vers la Croix-Saint-Ouen, où ils rejoignent, à la nuit, l'artillerie de la division.

Cahotés pendant 10 heures, ahuris de bruit et de poussière, les cuirassiers débarquent enfin vers minuit à Behericourt et Babœuf. Déjà ils ont repris le contact avec l'ennemi, puisque des avions ont bombardé leurs autos pendant la route. Et puis, ces malheureux villages présentent dans la nuit un bien triste spectacle, tout démolis par les Allemands à leur recul de mars 1917, un an auparavant. Quant à leurs quelques habitants, ils sont bien peu réconfortants : les rares civils entassent en hâte leurs plus précieux objets et se tiennent prêts à fuir plutôt que de recommencer la déprimante captivité qu'ils ont connue pendant trois mortelles années, et d'autre part les quelques Anglais qu'on réveille expliquent qu'ils sont les conducteurs d'une batterie dont les Allemands ont capturé les canons le matin. Un moment de stupeur devant ces révélations ahurissantes, et tout de suite les hommes se retrouvent avec leur belle confiance. Après tout, ne sont-ils pas là maintenant ? Et d'ailleurs, on n'entend presque plus le canon : c'est donc que les Allemands ont compris l'inutilité de leurs efforts. Une fois de plus, ils ne passeront pas.

Tout de même, les ordres arrivent, mettant les choses au point. La 1re D. C. P. est affectée au 5e corps d'armée, sous le commandement du général Pellé, dont le P. C. est à Noyon. Elle doit relever tout de suite la 18e division britannique qui a été fortement éprouvée et tient péniblement la ligne du canal Crozat, de Menessis à Quessy. Pour plus de sûreté le 2e bataillon partira immédiatement occuper une deuxième position qui doit être ébauchée sur la crête cotée 104 à l'est de Rouez. Les 1er et 3e bataillons suivront par Marest-Dampcourt sur Neuflieux et Caumont.

Pendant que ces mouvements s'exécutent, les événements se précipitent. La bataille, qui semblait terminée dans la nuit, a repris plus ardente au jour ; mais une bataille toute nouvelle, avec très peu d'artillerie, et un nombre considérable de mitrailleuses. Nos hommes, l'oreille tendue vers ces crépitements incessants de centaines de maxims, s'étonnent d'abord de ne pas entendre le vacarme infernal des bombardements de la Somme ou du Chemin des Dames. Les Allemands n'ont-ils donc plus de canons? Personne ne veut imaginer que ce silence impressionnant est dû à ce que les Britanniques ont perdu presque toutes leurs batteries au cours des deux journées précédentes, et que les Allemands ont avancé trop vite pour être suivis déjà de tout leur matériel lourd ! Au contraire, en braves qu'ils sont, les cuirassiers ne voient qu'une chose, c'est qu'ils n'auront pas à redouter le déchaînement brutal d'une matière aveugle, mais seulement à lutter avec des hommes comme eux, munis d'armes pareilles aux leurs. La lutte sera moins inégale, et tous les champions des récents concours de tir espèrent bien prouver à ces innombrables mitrailleurs allemands que leurs balles sont encore plus précises que les leurs. L'occasion de se mesurer, dans ce duel à mort, va d'ailleurs leur être fournie sans plus tarder.

L'attaque du 1er bataillon.

En effet, le colonel, qui a passé sa matinée à faire une reconnaissance rapide et peu rassurante, revient vers midi à son P. C. du château de Villette, à Caumont. Presque en même temps arrivent le général Destremau et le chef d'état-major de la 125e D. I., porteurs d'un ordre du général Pellé mettant le 9e Cuirassiers à la disposition de cette D. I. Engagée depuis la veille au soir dans la région de Tergnier, qu'elle a âprement défendue, ses trois régiments mélangés à des éléments anglais se trouvent maintenant répartis sur un très large front. Complètement accroché sur toute la ligne, mais surtout à gauche vers les bois de Frières, le général Diebold n'a plus de réserve pour accomplir sa manœuvre en retraite. Un bataillon du 9e doit donc, le plus tôt possible, donner un vigoureux coup de poing, à la faveur duquel on reprendra son souffle et on pourra regrouper ses forces. Le colonel désigne, pour remplir cette mission de confiance, le commandant Larmoyer, dont le bataillon est rassemblé près de son P. C.

Pour tout le monde, maintenant, l'illusion n'est plus permise ; c'est dans une très grosse partie que le régiment va se trouver engagé dans quelques instants, et pour ces deux chefs qui ont su, par leur ascendant personnel, s'acquérir complètement la confiance et le cœur des hommes, la minute arrive où ils doivent leur demander un effort que d'aucuns pourraient juger surhumain. Car la situation matérielle est loin d'être favorable : depuis 24 heures les hommes n'ont rien mangé de chaud et ont à peine dormi, les voitures ayant deux étapes à faire n'ont pas encore rejoint, et c'est elles qui apportent les réserves de toute nature : vivres, munitions, grenades, moyens de liaison, téléphones, fusées, signaux, paquets de pansement, etc. Les hommes ne peuvent donc compter absolument que sur ce qu'ils portent sur eux ; même les mitrailleuses poussées à bras par les servants n'ont pas encore eu le temps de parvenir jusqu'à Caumont. D'autre part, le commandement est très gêné par le manque de cartes dans un pays nouveau, par le mélange d'unités de langue différente rendant encore plus pénibles les liaisons et aussi par les superpositions de commandement qui en résultent.

Tout cela le colonel et le commandant Larmoyer l'examinent en chefs qui savent que, s'il est de leur devoir d'éviter aux hommes des efforts inutiles, il est telle circonstance critique où il faut savoir leur demander tout, jusqu'à l'abnégation la plus complète et au sacrifice le plus absolu. Malgré les défectuosités matérielles inhérentes à la soudaineté de l'engagement de la D. C. P. dans la bataille, le régiment remplira la mission qui lui est demandée, et une fois de plus les cavaliers répondront à l'appel de l'infanterie.

L'attaque du 1er bataillon est donc prévue pour 15 heures. Elle aura pour premier objectif la maison du garde, et devra se porter à la lisière est du bois de Frières. Elle sera appuyée, à partir de 15 heures, par de l'artillerie de la 125e D. I. Enfin, quelques mitrailleuses seront envoyées au commandant Larmoyer. Le bataillon d'attaque sera appuyé et couvert sur la gauche par le bataillon Boulenger et sera soutenu, le cas échéant, sur la droite par les organisations défensives que le bataillon de Vaucresson pousse activement depuis le matin sur la crête 104, est de Rouez.

Ces ordres une fois donnés, tout le dispositif se met immédiatement en place ; mais, par suite du manque d'appareils téléphoniques ou de moyens de communication, toutes les liaisons se font par coureurs à travers champs, et un retard est inévitable. Le colonel obtient de la 125e D. I. que l'heure de l'attaque soit reportée à 17 heures 45, après une insignifiante préparation d'artillerie de campagne de 10 minutes. Et cependant le crépitement continuel des mitrailleuses allemandes dans la région de la Maison du Garde indique que l'ennemi tient cette position en force

Devant une demande nouvelle et plus pressante de la 125° D. I., le colonel maintient son ordre d'attaque, et, à l'heure dite, en pleine conscience de son sublime sacrifice, le 1er bataillon quitte le couvert des bois et se porte à l'attaque. La 1re compagnie au nord, la 2e au sud sont en première vague. Elles franchissent d'abord le verger qui précède la Maison du Garde et se portent à de faibles éléments de tranchée encore tenus par quelques mitrailleurs du 76e R. I. et des Anglais. Ce premier bond de 150 mètres environ doit être suivi d'un second qui les mènera à la Maison du Garde. Mais à peine ce deuxième bond est-il amorcé que de toute part un ouragan de feu balaye la clairière. Le capitaine Bonamy, commandant la 1re compagnie, est tué ; le lieutenant Maréchal, de la même compagnie, blessé ; le sous-lieutenant Edouard, commandant la 2e compagnie, est blessé grièvement à la tête et reste sur le terrain ; l'adjudant-chef Mallé est blessé de six balles de mitrailleuses. Devant ce redoublement de feu et ces pertes cruelles, les compagnies hésitent une seconde. Le commandant Larmoyer le voit et se porte en avant pour entraîner son bataillon : il tombe blessé à la jambe. Ramené quelques mètres en arrière par le brigadier Marchand et le cavalier Peralta, il est de nouveau blessé, mortellement cette fois, tandis que ses deux porteurs sont eux-mêmes sérieusement touchés.

Les premières vagues d'assaut, d'ailleurs panachées d'Anglais, sont alors ramenées par une contre-attaque allemande. Pour dégager ses camarades, le capitaine de Ferque, commandant la 3e compagnie, maintenu jusque-là en réserve, sort à son tour du bois et se lance dans la tragique clairière, avec la froide résolution dont il est coutumier. Il tombe presque tout de suite mortellement atteint, ainsi que le sous-lieutenant Telle, et l'aspirant Marielle, à qui une première blessure n'avait rien enlevé de sa brillante crânerie.

La lutte devenait trop inégale contre un adversaire de plus en plus nombreux, très copieusement approvisionné, soutenu par le tir d'une artillerie bien renseignée. Le capitaine Nouvel, adjudant-major, aidé du seul officier encore valide, le sous-lieutenant Sangnier, de l'adjudant Lequeux et du maréchal des logis Merceron, rallie ce qui reste du 1er bataillon, le reforme sur une lisière du bois un peu plus à l'ouest, où il arrêtera, jusqu'à 21 heures, quelques patrouilles ennemies, seules manifestations de l'activité allemande. Car si nos pertes sont cruelles (le commandant Larmoyer, les trois commandants de compagnie, presque tous les officiers et près de la moitié des hommes), l'ennemi lui aussi a beaucoup souffert. Nos F. M. ont eu de belles cibles, et des braves comme les maréchaux des logis Gauthier et Fouquet, les cavaliers Turlin, Poupineau, Valteau, Boutin, Loiseau et tant d'autres, avant de succomber, ont eu le temps de vendre chèrement leur vie. D'ailleurs un bulletin de renseignements postérieur constate d'après des déclarations de prisonniers, que c'est au bois de Frières que les divisions de von Hutier ont éprouvé la première résistance sérieuse. Cet aveu de l'ennemi n'est-il pas le plus bel hommage que l'on puisse rendre à ces héros, qui tous, du même cœur que leur chef, avaient accepté le plus dur sacrifice pour assurer pleinement l'accomplissement de leur devoir militaire ?

D'ailleurs, pendant que le 1er bataillon s'offrait ainsi en holocauste, les deux autres ne restaient pas inactifs. En effet, suivant leur tactique habituelle, les Allemands qui ont senti une très vive résistance à la Maison du Garde essayent de la faire tomber en manœuvrant par les deux ailes. Vers le nord, leurs éléments progressent à travers bois et viennent se heurter au 3e bataillon qui leur résiste sans trop de peine (capitaine Celer et le sous-lieutenant Brehault blessés) ; mais vers le sud, le terrain se prête mieux à une attaque en force, et le 2e bataillon est obligé de défendre très âprement la crête 104 de Rouez, qu'il organise depuis le matin malgré la fatigue des hommes et la chaleur, suffocante, sur ce terrain en espalier. La 6e et la 7e compagnie sont très légèrement en arrière de la crête, la 5e en réserve près du ruisseau. Dès le matin, de nombreux blessés anglais et français passent sur la route de Villequier. Vers 16 heures les derniers éléments qui couvrent encore le bataillon repassent la crête. Ils sont suivis de près par les vagues allemandes que précède un rideau serré de mitrailleuses légères tirant sans arrêt. On n'entend que cris et chants de victoire : les Allemands sont grisés par le succès. Dans les rangs des 7e et 6e compagnies, malgré les pertes sensibles (lieutenant Fleury, commandant la 7e, blessé) aucun fléchissement ne se produit ; au contraire, dès que les dernières unités alliées les ont dépassées, ces deux compagnies ouvrent sur les vagues ennemies un feu ajusté à 200 mètres, y causant des ravages terribles. L'attaque s'arrête, puis reflue en désordre. Deux nouveaux essais arrivent au même piteux résultat.

A ce moment se déclenche à gauche l'attaque du 1er bataillon qui contribue encore à désemparer l'ennemi. Les Anglais se sont reformés en assez grand nombre et prolongent notre ligne. Mais les Allemands veulent, à tout prix, enlever cette crête. Leur bombardement de tout calibre devient intense, leur infanterie se fait plus active. D'autre part nos hommes ont brûlé presque toutes leurs cartouches et le régiment ne peut les leur remplacer. Le colonel donne au commandant de Vaucresson l'ordre de se replier en combattant. Sur toute la ligne l'ennemi est en contact étroit, la nuit vient ; comment effectuer ce décrochage délicat ? Le commandant qui connaît son bataillon n'hésite pas : « A moi la 5e ! » crie-t-il dans le vacarme, et l'on voit sortir du fond du ravin la 5e compagnie, officiers en tête, en ordre parfait, baïonnette au canon, malgré un barrage intense de minen de gros calibre. Les Anglais enthousiasmés poussent des hourrahs ; quant aux Allemands ils ont vu le mouvement et repassent la crête sous les dernières balles qui restent dans les F. M. des compagnies de première ligne. Le bataillon, couvert par l'héroïque poignée de braves de la section Agnus (à qui il ne reste que 7 hommes), peut alors exécuter presque sans perte son mouvement de repli.

La nuit est venue. Certes, le régiment a eu de grosses pertes, et bien douloureusement ressenties, mais il reste encore capable de mener de durs combats. Comme un boxeur qui rompt d'un pas après avoir asséné à son adversaire un formidable coup de poing, il va se retrouver instantanément en garde, bien assis sur ses jambes. Par son action personnelle, le colonel oriente rapidement ses trois chefs de bataillon : le bataillon Boulanger au nord, en liaison avec le bataillon Lahure, du 11e Cuirassiers, aux abords de Villequier-Aumont, va garder les débouchés sud du bois de Frières ; le bataillon de Vaucresson s'organisera sur la crête qui court à 200 mètres environ à l'est de la route nationale Villequier-Chauny et cherchera une liaison avec la 125e D. I. à sa droite. Quant au reste du 1er bataillon, il ira dès maintenant aider une demi-compagnie du génie de la D. C. P. à préparer une organisation défensive sur la crête 91 (est de Caumont). En même temps, trois camions apportent des cartouches et des grenades, les compagnies de mitrailleuses rejoignent leurs bataillons, apportant l'appoint de leur feu meurtrier ; enfin et surtout l'artillerie de la D. C. P., après une étape de 45 kilomètres, vient mettre en batterie près de Caumont. Dès minuit, le régiment est prêt pour repousser une nouvelle attaque allemande. Mais si tout s'est passé en ordre et rapidement au 9e, il n'en est pas de même de l'autre côté. La division allemande, abîmée dans la journée au bois de Frières et à Rouez est relevée, et, aux dires des docteurs Prudot et Fourrier et de l'aumônier Hubert (qui n'ont pas voulu abandonner les blessés du 1er bataillon confiés à leurs soins), cela ne se passa pas sans heurt.

Quoi qu'il en soit, toute la nuit se passe dans le calme, sauf des fusillades de patrouilles qui ne quittent pas le contact, et un combat actif à la grenade dans le village de Villequier-Aumont. Le jour se lève dans un brouillard épais, qui gêne considérablement les liaisons et les réglages de notre artillerie.

Brusquement, vers 6 heures, un intense bombardement ennemi fait prévoir une attaque d'infanterie. Celle-ci se déclenche en effet bientôt. Mais si le régiment, bien couvert par ses feux de mitrailleuses, de F. M. et de V. B., la reçoit sans broncher, il n'en est pas de même à gauche où, malgré une brillante contre-attaque, le 11e Cuirassiers est délogé de Villequier-Aumont, et à droite, où la 5e compagnie perd la liaison avec la 125e D. I. Ainsi menacés d'encerclement et furieusement poussés de front, les deux bataillons de première ligne reçoivent l'ordre de se replier sur la position de la cote 91, le 3e au nord, le 2e au sud. Le contact est si étroit avec l'ennemi, que, malgré la densité du brouillard, le décrochage n'est pas facile, en particulier à la compagnie de droite, la 5e, qui est déjà presque complètement débordée. Le capitaine Cottu est tué, et le dévouement héroïque des hommes du maréchal des logis Ruffray permet seul de franchir la route de Chauny, où déjà des mitrailleuses allemandes sont installées.

La 6e compagnie a également des pertes sévères, à commencer par son chef, le sous-lieutenant Trocme, grièvement blessé ; mais, là aussi, le dévouement de quelques braves, comme le F. M. Portebois, qui, à 25 mètres, posément, descend les servants d'une mitrailleuse allemande, permet aux sections de se replier.

La défense de Caumont et la blessure du colonel Thureau.

Malheureusement le brouillard, complice pour dissimuler le mouvement des deux bataillons, est toujours si épais que les directions de marche divergent légèrement. Cette circonstance fortuite faillit amener une catastrophe. En effet, le 3e bataillon, orienté trop au nord, et le 2e, trop au sud, dépassent, sans s'en douter, la position prévue pour les recevoir sur la crète 91 (est de Caumont), découvrant le 1er bataillon à qui le colonel vient de donner l'ordre de se replier sur Caumont, pour y organiser défensivement la lisière est. En même temps, les trois batteries d'artillerie se déplacent pour changer de position. Le colonel s'apercevant de l'erreur de ses deux bataillons de première ligne les fait aussitôt prévenir de faire demi-tour et de se reporter à la crète. C'est dans ce court moment de confusion, que brusquement un coup de vent déchire le brouillard et dévoile une ligne allemande très fortement garnie de mitrailleuses qui arrive à la crète. Celles-ci ouvrent le feu tout de suite, et le régiment, surpris, énervé par les fatigues des combats précédents, n'ayant pas mangé, n'ayant pas dormi, privé, par suite des pertes, de presque tous ses cadres, a un moment d'hésitation et commence à refluer : le 1er et le 3e bataillon, mélangés vers le calvaire nord-ouest de Caumont, le 2e bataillon, par le château de Villette, vers le sud-est du village. La minute est tragique. Ces hommes, qui à tant de reprises ont montré ce dont ils étaient capables, vont-ils maintenant lâcher pied et abandonner le terrain sans le défendre? Non, car une poignée de braves est maintenue sur la crète pour protéger la retraite de leurs camarades, en particulier les mitrailleurs de la 1re compagnie de mitrailleuses, dont beaucoup, comme le maréchal des logis de Saint-Martin, se font tuer sur leurs pièces, mais tirent jusqu'à la dernière seconde. D'autre part le colonel intervient personnellement, et son ascendant est tel que, immédiatement, rien qu'en le voyant venir sur eux, redressé de toute sa taille, calme comme toujours et marchant droit vers l'ennemi sous les balles de mitrailleuses, tous ses hommes ont compris où était le devoir. Il ne lui a pas fallu de longs commandements ni de grands gestes pour remettre de l'ordre dans les bataillons. Chaque unité se regroupe et la ligne se reforme solide le long du ruisseau venant de Commenchon. Magnifique et mystérieuse puissance du « chef ».

L'ennemi, étonné de son avance, s'arrête et perd un temps précieux à explorer Caumont. Le colonel en profite pour se reconstituer une réserve dans le chemin creux de la cote 97 (nord de Neuflieux) et rechercher des liaisons bien précaires au nord et au sud. C'est à ce moment, vers midi, qu'il est grièvement blessé d'une balle de mitrailleuse dans la cuisse gauche. Relevé par l'adjudant mitrailleur Vanderswalm et l'agent de liaison Mouret, il essaye vainement de se tenir debout. Il passe alors le commandement de son régiment au commandant de Vaucresson et se laisse emmener. Il peut partir tranquille, les bons grains qu'il a semés à pleines mains depuis deux ans qu'il commande le 9e Cuirassiers à pied vont germer : de tous ces hommes qu'il a formés à son image et à qui il a inculqué les plus belles vertus militaires par son constant exemple, aucun ne faillira dans l'exécution de la tâche ardue qui lui incombe aujourd'hui.

Et cependant la situation se fait de plus en plus critique. Sous la poussée constante et insidieuse de l'ennemi dans les bois de Commenchon, la liaison a été perdue avec le 11e Cuirassiers ; à droite, depuis le matin, le 2e bataillon en cherche vainement une avec un élément quelconque ; l'artillerie n'a plus de fil téléphonique, et les moyens de communiquer avec elle sont bien précaires ; les munitions sont presque totalement épuisées. Quant aux mitrailleuses, beaucoup se sont sacrifiées pour couvrir le repli du régiment, et les autres, portées depuis deux jours à dos d'homme à travers champs, n'ont presque plus de cartouches.

L'ordre est cependant de tenir la crète 97 (nord de Neuflieux). Le commandant de Vaucresson s'y cramponne ; mais il envoie le 1er bataillon à Bethancourt, dans le double but de garantir solidement son flanc gauche et d'y chercher des munitions. Vers 13 heures, une poussée plus violente de l'ennemi a enfin raison de l'énergie des 2e et 3e bataillons qui, en brûlant leurs dernières cartouches, sont forcés de gagner la crète située à l'est des villages de Caillouel et Crepigny. L'ordre arrive de se faire tuer sur cette position plutôt que de la laisser aux mains de l'ennemi. Tragiques et grandes minutes, où malgré la fatigue tout le monde a conscience du rôle important qu'il joue dans l'angoissante bataille que l'on devine engagée sur un large front.

La défense de Caillouel.

L'ennemi semble d'ailleurs, lui aussi, exténué, car la fin de l'après-midi se passe sans qu'il fasse trop vivement sentir sa poussée ; il est d'ailleurs, cette fois, pris très sérieusement à partie par nos 75. De plus les débris du régiment sont renforcés par des éléments de la 18e division britannique, et la liaison est solidement rétablie à gauche avec le 11e Cuirassiers. Quant à la droite, on apprend presque tout de suite qu'elle va être prolongée par un régiment d'infanterie de la 55e D. I. française, troupe arrivant toute fraîche au combat. Pour compléter le bon effet de cette rassurante nouvelle, le T. C. du régiment apporte munitions et grenades et même un peu de nourriture. C'est la première soupe depuis celle du 22 au matin ! — Aussi il faut voir avec quelle ardeur nouvelle les hommes réconfortés creusent des tranchées malgré les obus de tout calibre que l'artillerie ennemie s'acharne à envoyer dans Caillouel.

A la tombée de la nuit, le capitaine d'Espiés, qui commande le 2e bataillon, part reconnaître, avec le capitaine Labouche, commandant la 2e C. M., et le lieutenant Chassaing, le front de son bataillon. Interpellés dans la nuit par des voix anglaises, les trois officiers s'écartent de quelques mètres et tombent subitement sous le feu d'une mitrailleuse allemande dissimulée dans une meule de paille. Le lieutenant Chassaing est tué ; le capitaine d'Espiés, blessé, reste aux mains de ses adversaires déloyaux ; seul, le capitaine Labouche se tapit dans un trou d'obus et peut rallier un peu plus tard. A gauche le brigadier Matté, de la 1re C. M., plus heureux, aidé de quelques camarades, réussit à capturer deur patrouilleurs ennemis.

Toute la nuit se passe en travail acharné pour être prêt à recevoir l'attaque prévue pour le lever du jour. Les Anglais se sont repliés, mais on se sent bien les coudes avec ses voisins, et de magnifiques champs de tir donnent confiance à tout le monde. Le jour se lève enfin, le brouillard se dissipe peu à peu, et vers 7 heures, après un bombardement exceptionnellement violent de Caillouel, des petites colonnes essayent de s'infiltrer dans les vergers du village. Elles échouent sous le feu des groupes de combat énergiquement commandés (adjudant-chef Hanon, S. M. Pauly et Becquart). Toutefois, vers 8 heures, un léger flottement se produit passagèrement à la gauche du régiment. Sous l'action personnelle du commandant de Vaucresson, la situation est vite rétablie. mais dans les bois l'infiltration allemande continue ; et progressivement la position de Caillouel est tournée par la gauche. Sur le plateau au sud, malgré le bombardement, personne n'a bronché.

Vers 10 heures 15, la pression ennemie augmente. Du plateau on aperçoit des formations ennemies importantes, où les mitrailleurs de la 2e C. M. trouvent de belles cibies ; mais dans la plaine. le régiment d'infanterie voisin est durement pris à partie. Or depuis le matin le 9e Cuirassiers a été placé ainsi que la 55e D. I. sous les ordres du général anglais commandant la 8e D. W. Ne recevant aucun ordre de ce général, le commandant de Vaucresson conforme son mouvement à celui de ses voisins de droite. Vers 10 heures 30, la 55e D. I. se repliant au sud de l'Oise, le régiment reçoit l'ordre de rompre aussi le combat et de gagner Bretigny par Mondescourt et Appilly. Cette manœuvre en retraite doit s'exécuter à travers une plaine sans un abri, sans un pli de terrain. Le capitaine Labouche charge la 2e compagnie de mitrailleuses d'interdire la crête à l'ennemi. Chaque pièce a sa tranche de terrain à battre, et sous la protection de ce feu les unités exécutent leur mouvement sans être inquiétées. Une à une, après avoir épuisé toutes leurs munitions, les pièces sont chargées à dos, et au pas gymnastique les mitrailleurs rejoignent leur bataillon.

La traversée de l'Oise est rendue difficile par le barrage qu'y font des batteries lourdes allemandes ; mais les trois bataillons se reforment néanmoins dans les bois de Bretigny.

Après une nuit de repos à Blerancourt, le régiment, dès le 26, à 5 heures du matin, rejoint à la ferme du rendez-vous la D. C. P. qui est aux avant-postes le long de l'Oise dans le secteur de Varesnes. Le 3e bataillon puis le 2e y occupent un centre de résistance le 27 et le 28 ; enfin, dans la nuit du 28 au 29 mars, le régiment est relevé et se rend à Blerancourdeile pour s'y reconstituer.

Certes, après une semaine d'efforts surhumains, la petite troupe de 750 hommes à quoi est réduit le régiment, n'a plus l'aspect brillant et vigoureux des trois beaux bataillons qui se sont embarqués près de Senlis. Mais si leurs uniformes sont déchirés, leurs traits amaigris et leur démarche lasse, regardez les yeux de ces hommes qui viennent d'accomplir si simplement de si grandes choses. Vous les verrez briller d'une étrange fièvre qui n'est pas due seulement à la fatigue. Regardez-les mieux, et vous y lirez, en même temps que le regret de leurs camarades tombés, la mâle fierté de les avoir vengés. Que leur importe les privations endurées, puisque la mission a été remplie intégralement. Et si vous les interrogez, chacun d'eux vous dira qu'il est encore prêt à donner son sang pour que, comme l'a demandé le général Humbert, continue à battre « le cœur de la France ».

PRISE DE COMMANDEMENT DU LIEUTENANT-COLONEL CALLA

C'est à ce moment où le régiment est encore tout meurtri de cette lutte à mort, que le lieutenant-colonel Calla revient se mettre à sa tête.

Détaché depuis quelques semaines du 9e, il connaît ses bataillons et sait les ressources morales inépuisables qu'ils renferment. Aidé par tous ses subordonnés, appuyé sur la bonne volonté générale, il remet sur pieds en peu de jours une unité solide.

Le 2 avril, un renfort est venu ranimer les effectifs, l'armement et le matériel sont complétés rapidement, des nominations assurent un encadrement suffisant. En un mot le régiment renaît à la vie normale. Or ce travail de réorganisation qui serait naturel dans le calme d'un cantonnement de l'arrière, acquiert, dans les circonstances exceptionnelles où il est effectué, une signification toute particulière de profonde discipline et d'irréductible volonté de vaincre.

En effet, pendant ces jours angoissants de la fin de mars, la bataille continue à faire rage, et dans le ravin encaissé de Blerancourdelle résonnent douloureusement les bombardements terribles qui écrasent nos lignes de Chauny à Lassigny en passant par Noyon et le mont Renaud. Ce n'est donc pas le moment de se reposer, aussi fatigué que l'on puisse se sentir, et d'ailleurs personne n'en a envie, tout le monde comprenant la gravité de l'heure. Retirés de la ligne de feu, parce que leurs poitrines ne sont plus assez nombreuses pour barrer la route de l'envahisseur, les cuirassiers ont au fond du cœur une qualité dont ils sont riches : la foi inébranlable dans le succès final. Cette foi, qui dit-on soulève les montagnes, va en effet faire des miracles ; car mis en chantier dès le 29 mars avec des effectifs encore faibles, les trois bataillons vont se mettre à l'œuvre avec une telle énergie qu'en quelques jours une forte organisation aura été créée de toutes pièces dans les centres de résistance de Cuts, Camelin et Blerancourt. Si les camarades sont percés le long de l'Oise, ils pourront se ressaisir derrière les fils de fer, que le 9e dissimule dans les vergers des villages, et décimer l'ennemi s'il ose s'aventurer dans le dédale des flanquements tracés dans les fourrés des coteaux.

Quand les officiers ont indiqué sur le terrain à leurs hommes leur tâche de la journée, ils peuvent les laisser seuls, sûrs qu'elle sera bien comprise et bien exécutée, et revenir travailler avec leurs comptables à la remise en état de leurs unités. Quel exemple plus net peut-on imaginer pour faire comprendre à quel point est féconde dans des moments pareils la belle discipline française, basée sur une mutuelle et loyale confiance entre les chefs et les soldats ?

La défense du Massif de Thiescourt.

Ces mêmes qualités d'abnégation et d'ardeur au travail vont être utilisées pendant tout le mois de mars par le commandement dans un autre secteur particulièrement exposé : celui du massif de Thiescourt.

Tout le monde connaît maintenant l'importance primordiale au point de vue militaire de ce massif boisé et raviné qui, dans le pays, porte le nom de « Petite Suisse ». — Témoin de 1914 à 1917 de luttes incessantes au Plemont, à la ferme Attiche ou à Dreslincourt, il se dresse de nouveau en 1918 comme un objectif de premier ordre devant les perspectives de l'état-major allemand. C'est ce morceau de choix, que depuis le 26 mars le 33e corps d'armée défend à l'ennemi. Malgré toute leur légendaire valeur, ces beaux régiments ont assez de travail à maintenir au mont Renaud et sur la Divette la formidable poussée des divisions de Von Hutier, mises en appétit par leur avance sur Noyon. Même, à certaines heures, les moyens employés par l'ennemi ont été si violents, que l'on a pu craindre en haut lieu qu'ils arriveraient à renverser la barrière encore bien frêle qui leur est opposée. Il faut, de toute urgence, raviver les anciennes défenses qui en 1914 ont déjà été si précieuses, mais ce travail ne peut pas être confié à n'importe qui. Il y faut non seulement de bons terrassiers travaillant vite et d'une façon intelligente, mais il faut surtout que, à mesure de leur réfection, ces tranchées puissent instantanément être occupées, le fusil à la main, par celui-là même qui, par son outil, leur a rendu ses qualités défensives.

La 1re D. C. P. est une unité robuste et aguerrie qui peut remplir cette double tâche. Aussi, dès le 9 avril, après deux courtes étapes, qui l'ont amenée par Tracy-le-Mont à Longueil-Annel, est-elle mise à la disposition du 33e corps d'armée. Aussitôt le travail commence.

A peine le général Pellé, dans une rapide revue, a-t-il eu le temps de dire un fervent « merci » aux cuirassiers qui l'ont si utilement aidé à défendre Noyon, que déjà ceux-ci sont à leurs postes. Pendant trois semaines deux bataillons sont : l'un, aux carrières de Montigny ; l'autre, aux carrières dites du « Dessus des Carrières », sans cesse occupés à poser des réseaux de fil de fer, à camoufler des abris ou des pistes, à creuser des boyaux ou des tranchées. Travaillant toute la nuit dans le vacarme des batteries qui les entourent et se reposant le jour dans les carrières humides et sombres, les hommes mènent une vie anormale qui pour tout autre serait bien déprimante. Eux savent que l'effort demandé est nécessaire, et ils se consolent de leurs pénibles conditions d'existence en apprenant que l'attaque allemande a été partout endiguée.

Le dernier bataillon du régiment est, dans le même temps, employé à différents travaux qui, exécutés au grand jour sur les routes, les voies ferrées ou les canaux, sont considérés par les hommes, par ces belles journées de printemps, comme une véritable récompense.

Enfin, les mitrailleurs trouvent dans leurs postes de D. C. A. l'occasion de s'exercer en prenant comme cibles les nombreux avions ennemis qui audacieusement viennent survoler la région.

Le Secteur du Plessier de Roye.

Mais pendant ces journées de combats incessants, les unités se fatiguent vite. Il y en a une célèbre dans toute l'armée : la 77ᵉ D. I. qui, après avoir arrêté net, le 30 mars, l'offensive allemande, tient depuis lors un secteur essentiel dans la défense du massif de Thiescourt : celui constitué immédiatement au sud de Lassigny par l'observatoire magnifique du Plemont et le réservoir à contre-attaque constitué par le parc du château du Plessier de Roye.

Le 30 avril échoit à la 1ʳᵉ D. C. P. l'honneur de succéder sur le terrain même de ses exploits à la 77ᵉ D. I. Pendant huit jours le régiment va rester en réserve de division, ses trois bataillons répartis dans les carrières Saint-Claude, Martin et de l'Abbaye, continuant toutes les nuits le travail d'organisation défensive commencé par leurs glorieux prédécesseurs.

Le 7 mai, M. Clemenceau, Président du Conseil, Ministre de la Guerre, en se rendant au Plemont, s'arrête aux carrières occupées par le bataillon de Vaucresson et félicite les hommes pour leur courage lors des attaques de mars devant Noyon.

Le 9 mai, le colonel Calla prend le commandement du sous-secteur du Plessier occupé par les 1ᵉʳ et 3ᵉ bataillons en première ligne, tandis que le 2ᵉ est en réserve aux carrières du Moulin détruit. Depuis plusieurs jours déjà le secteur est relativement calme. L'ennemi a laissé tant de monde sous les hautes futaies du parc du château du Plessier qu'il hésite à recommencer ses attaques ; seule, son artillerie de tout calibre reste très active. Arrêté sur toute la largeur de son front d'attaque, il semble qu'il renonce à percer cette barrière qu'il a pu bousculer mais non pas rompre. Et cependant le commandement allié sait bien que la rigueur du blocus force le kaiser d'une façon inéluctable à renouveler encore et sans cesse ses tentatives de percée. Où va-t-il porter ses coups ? Lassigny est le point du front le plus rapproché de Paris, qui toujours a été l'objectif plus ou moins nettement avoué du grand état-major allemand. Par conséquent, tout ce que trame l'ennemi dans les ruines blanches de cette malheureuse bourgade est d'un puissant intérêt.

Le coup de main sur Lassigny.

Le colonel reçoit l'ordre de monter dans le secteur du Plessier une opération offensive qui fournira au commandement des renseignements utiles à ce sujet.

Tout de suite, les bataillons en ligne sont chargés de reconnaître minutieusement le terrain devant Lassigny. Le lieutenant Cury pour le 3ᵉ bataillon et le lieutenant de Cussy pour le 1ᵉʳ bataillon, par des patrouilles audacieuses déterminent avec exactitude les secteurs battus par des mitrailleuses et les îlots organisés par l'ennemi en points d'appui. Ce travail préparatoire amène le commandement à prévoir l'exécution d'un très large coup de main, une véritable petite offensive, englobant dans ses objectifs la plus grande partie du village de Lassigny jusqu'au cimetière et, à l'ouest, les ruines appelées « Tour Roland » dont on ignore le rôle exact dans le système défensif ennemi.

Une artillerie importante est mise à la disposition du sous-secteur et procède discrètement à ses réglages ainsi qu'à certaines démolitions d'observatoires et d'abris reconnues nécessaires. L'infanterie comprend, outre les compagnies du bataillon de Vaucresson à qui incombera la mission principale : un détachement mixte aux ordres du capitaine de France, composé des compagnies Poirier, du 1er bataillon, et Harmel, du 3e bataillon, et chargé de garder le flanc droit de l'attaque ; la compagnie d'Arodes, du 4e cuirassiers à pied, chargée d'appuyer le 2e bataillon ; deux sections du génie chargées de faire sauter les abris ; enfin une compagnie de mitrailleuses du 4e Cuirassiers et une 1/2 C. M. du 1er bataillon (m. d. l. Leveugle) chargées de compléter le barrage de l'artillerie par des tirs indirects de mitrailleuses.

Un horaire méticuleux est prévu pour permettre à l'artillerie de déplacer son encagement en suivant pas à pas les progrès des groupes d'attaque. Des cheminements sont soigneusement étudiés, la tâche des nettoyeurs est précisée dans le moindre détail. Enfin le 16 mai tout est rigoureusement au point.

Le début de la nuit du 16 au 17 mai ne présente absolument rien d'anormal, les artilleries adverses se livrant à leurs harcèlements habituels, quand brusquement, à minuit 30, tout le secteur s'embrase : c'est la préparation d'artillerie qui commence sur Lassigny et ses abords. En même temps, dans la nuit sombre, toutes les petites colonnes se glissent harmonieusement à leurs emplacements de départ le long du remblai du chemin de fer de Noyon à Roye. Que font donc les artilleurs allemands pour ne pas répondre par leurs barrages aux demandes répétées que leur adressent les fusées multicolores de leur infanterie? Quoi qu'il en soit, tout notre dispositif peut se mettre en place sans pertes ; bien mieux, une patrouille de grenadiers, commandée par le maréchal des logis Beaudelot, s'empare d'une mitrailleuse que quelques Allemands essayent de mettre en batterie sur le remblai de la voie ferrée.

A 3 heures 30, la progression commence. Elle est menée, droit au but, par tous ces petits groupes qui rivalisent d'ardeur et d'intrépidité malgré le tir de plusieurs mitrailleuses qui se révèlent au dernier moment. A l'heure prévue, tous les objectifs sont atteints et les abris consciencieusement visités. C'est miracle de voir les cuirassiers bondir à la baïonnette à la lueur des fusées et des éclatements sur les points où quelques Allemands font mine de résister. Que ce soit à la section du lieutenant Agnus, à celle de l'aspirant Bourceret ou à celle du maréchal des logis Gabiot, partout le même entrain anime les hommes de la 7e compagnie qui ont la chance, enviée de leurs camarades de rencontrer le secteur le plus solidement occupé par l'ennemi, car, si la tâche y est plus périlleuse, la gloire y est plus grande.

Sur tout ce front d'attaque se multiplient des actes brillants de courage individuel. Celui de l'agent de liaison Maille, de la 6e compagnie, est typique. Tombé seul aux mains d'un groupe d'Allemands et emmené par deux de ses agresseurs, il les suit d'abord sans résistance, puis brusquement, pour recouvrer sa liberté, se jette sur eux, en terrasse un et désarme l'autre !

Il faut maintenant songer au retour ; malgré le voile opaque que créent depuis un moment les obus fumigènes de notre artillerie pour couvrir notre repli, celui-ci n'en reste pas moins délicat ; car, si nos hommes n'ont plus à craindre les mitrailleuses dont ils ramènent avec eux les pièces ou les servants, par contre, l'artillerie ennemie enfin réveillée déverse sur nos positions du Plessier ses plus puissants barrages. Néanmoins, bien fractionnées, judicieusement orientées, toutes ces petites colonnes parviennent à traverser sans trop de mal le dangereux passage.

D'ailleurs, le jour s'est levé, et l'ennemi, occupé à ce moment par un coup de main que dans le secteur de gauche la 125e D. I. exécute avec succès sur le bois des Peupliers, cesse bientôt de réagir, même par ses canons.

Cette magnifique opération, menée avec un brio remarquable, rapporte le résultat cherché, car 32 prisonniers vont pouvoir dévoiler à nos généraux ce qui se prépare en face ! Malheureusement, si nos pertes, comparées à l'effectif engagé, ont été légères (sept morts attestent néanmoins l'âpreté de la lutte), elles sont douloureusement ressenties ; en particulier celle du sous-lieutenant de Bonnefoy, le jeune et ardent commandant du peloton de 37, tué par un obus alors qu'au milieu de ses servants il commandait un tir d'accompagnement des plus judicieux.

Dès l'après-midi, le général Nudant, commandant le 34e corps d'armée, vient en personne féliciter le régiment de son beau succès. Il témoigne sa satisfaction en remettant la médaille militaire à l'adjudant Ponce, au maréchal des logis Fardoit et au cavalier Petit. Un ordre du général Humbert, commandant la 3e armée, donne en exemple à son armée ce coup de main qui a permis, « malgré la résistance sérieuse rencontrée sur plusieurs points dans le village de Lassigny, de capturer trente-deux prisonniers ».

Enfin le 4 juin, dans une magnifique prise d'armes au château de Bellinglise, le colonel attache la Croix de guerre au fanion du bataillon de Vaucresson pour la citation suivante faite à l'ordre nº 261 du régiment :

« Le 17 mai 1918, sous le commandement de son chef le commandant de Vaucresson, le 2ᵉ bataillon du 9ᵉ Cuirassiers à pied, renforcé d'une section de la compagnie du génie 4/59, appuyé de la compagnie d'Arodes, du 4ᵉ Cuirassiers à pied, a attaqué avec vigueur, malgré un feu violent de mitrailleuses, les lisières de Lassigny et de la tour Roland, pénétré dans les lignes de l'ennemi à plus de 500 mètres, bouleversé ses organisations et ses abris, capturé de nombreux prisonniers et pris des mitrailleuses. Ses objectifs atteints, les a quittés à l'heure fixée, revenant vers nos lignes dans un ordre parfait, comme à la manœuvre, en troupe solide, maîtresse d'elle-même et consciente de sa force. »

II. — L'OFFENSIVE ALLEMANDE DU 9 JUIN

Après cette opération, le régiment continue à occuper le sous-secteur Plessier sans incident jusqu'au 30 mai ; relevé à cette date par le 11e Cuirassiers, le 9e est alors mis en réserve.

Deux bataillons, à la disposition de l'I. D., sont chargés de la défense de la 2e position sur le plateau Saint-Claude. Un bataillon (bataillon Vaucresson) est en réserve de corps d'armée à la carrière de l'Abbaye.

Des renseignements de plus en plus précis parvenus au commandement font prévoir, dès ce moment, une forte attaque allemande comme imminente en direction de Compiègne. D'ailleurs, dans une ruée brutale, les Allemands viennent d'enlever la position du Chemin des Dames et tentent une nouvelle percée entre Soissons et Château-Thierry. Aussi faut-il s'attendre à une recrudescence d'enthousiasme chez l'ennemi, et de durs combats sont à craindre. La D. C. P. a l'honneur de garder un secteur important ; tout le monde se prépare activement à le défendre le mieux possible. Les artilleurs échelonnent leurs positions de batteries, les officiers reconnaissent des cheminements et étudient des flanquements et des contre-attaques, les hommes avec une ardeur nouvelle creusent des boyaux et posent du fil de fer en 1re et 2e positions.

Dans la nuit du 6 au 7, tout le monde est alerté à ses emplacements de combat, et l'artillerie déclenche un violent tir de contre-préparation offensive ; mais ce n'est qu'une fausse alerte, l'ennemi ne réagit pas.

La défense du plateau Saint-Claude.

Par contre, dans la nuit du 8 au 9, alors que les corvées habituelles de travailleurs sont réparties sur différents chantiers, brusquement, à minuit, les batteries allemandes ouvrent le feu de toutes leurs pièces, dosant avec une science infernale les obus toxiques et explosifs. Tout le monde, sur le plateau Saint-Claude, a compris que l'heure grave attendue depuis plusieurs jours a sonné ! Et quand le colonel lance à 0 h. 20, de son P. C. du château de Bellinglise, l'ordre d'occuper les emplacements de combat, les trois bataillons sont prêts à partir. Tous ces hommes, dont beaucoup vont être tués ou blessés dans quelques minutes, se sont d'eux-mêmes équipés dans la tragique obscurité des carrières à peine percée par la lumière de quelques lampes électriques. Leurs gestes sont précis et sobres, leurs paroles rares, et leurs traits plus graves. C'est qu'ils connaissent la grandeur du sacrifice qui va leur être demandé de nouveau et que tous d'une même âme viennent d'y consentir.

Aussitôt quitté l'abri des carrières, c'est l'enfer ! Toutes les communications, toutes les batteries, sont copieusement arrosées ; néanmoins, le masque sur la figure, les compagnies s'enfoncent dans la nuit et péniblement gagnent leurs emplacements.

Le bataillon Greppo et le bataillon Boulenger s'installent sur la 2e position, pendant que le bataillon de Vaucresson vient aux carrières Saint-Claude, ainsi que le P. C. du colonel. Au cours de ces déplacements, le régiment subit des pertes sévères ; l'une des plus pénibles est celle du capitaine de France, adjudant-major du 1er bataillon, tué net d'un éclat de 210 en accompagnant le commandant Greppo à son poste de commandement du Moulin-Détruit. Les comptes rendus arrivent au petit jour : il manque beaucoup d'hommes déjà ; des équipes de travailleurs n'ont pu rejoindre leurs unités ; le lieutenant de Cussy est grièvement blessé ; néanmoins, le dispositif prévu est atteint, sauf en ce qui concerne la liaison entre les deux bataillons Greppo et Boulenger qui demeure incertaine vers la route d'Elincourt-Lassigny. Le colonel pare à ce danger en poussant entre le Moulin-Détruit et la route trois sections de la compagnie Fleury et le peloton de mitrailleuses du sous-lieutenant Marquis.

Dès 7 heures, l'ennemi ayant submergé la défense de la 1re position (où la lutte se poursuit dans de nombreux îlots de résistance), vient se heurter à la 2e position. Partout il est reçu à coups de F. M. et de V. B. ; bientôt même les sections Picy à la droite et Vandamme à la gauche signalent qu'elles sont attaquées avec des lance-flammes. Mais les cuirassiers, malgré leurs pertes, restent inébranlables. La consigne n'est-elle pas de « tenir » ? Malheureusement les choses ne tardent pas à se gâter.

A droite, la compagnie Taillan est peu à peu débordée par une infiltration sournoise dans le bois de Thiescourt. La section Gardères est portée en flanc défensif, mais néanmoins le péril est grand. A gauche, l'ennemi qui est dans Gury essaye d'en déboucher devant la compagnie du Vigier, qui, bien soutenue par les sections de mitrailleuses Chatel et Drouin, s'y oppose avec succès. Mais plus à gauche, dans le bois de Riquebourg, les mitrailleuses allemandes s'infiltrent et font reculer les éléments de la 125ᵉ D. I., qui bientôt perdent la liaison avec les cuirassiers : la vallée de Mareuil-Lamotte est ouverte ; la compagnie du Vigier, déjà très éprouvée, ne peut que protéger le flanc de son bataillon en s'échelonnant en flanc défensif. A ce moment critique le lieutenant Agnus vient apporter l'appui de la 4ᵉ section de la compagnie Fleury, et, en s'intercalant entre les 1ʳᵉ et 2ᵉ compagnies, rend de la solidité à la ligne.

Néanmoins, la pression ennemie se fait de plus en plus forte. La lutte est chaude ; nos cuirassiers se cramponnent au terrain ; dans beaucoup d'endroits on se bat à la grenade. Nos mitrailleurs font des tirs efficaces dans les colonnes qui s'avancent sans cesse ; les objectifs ne leur manquent pas, que ce soit à droite la S. M. du maréchal des logis Lepidi, au centre les S. M. du lieutenant Paillard, à gauche le peloton du sous-lieutenant de Galembert. Ce dernier a même la joie de sortir vainqueur d'un duel peu commun engagé entre ses quatre mitrailleuses et une batterie d'artillerie allemande !

Vers midi, on n'a pas encore rompu d'un pas, mais la situation est si grave que le colonel n'hésite pas à employer en entier le bataillon de Vaucresson à garnir les organisations qui ceinturent la carrière Sainte-Claude et à en faire le réduit de la défense du plateau.

Peu de temps après, les comptes rendus de l'avant deviennent de plus en plus alarmants. La compagnie du Vigier, déjà largement débordée par sa gauche, s'est vue coupée de son bataillon par la droite, malgré les efforts héroïques du sous-lieutenant Vandamme, qui contre-attaque à la grenade, et trouve là une mort glorieuse. Les Allemands ont pris pied dans le bois de la Réserve. Sur le plateau, les compagnies Tutin et Gallini, malgré leurs feux nourris, ne peuvent que ralentir l'avance d'un ennemi mordant, certain du succès, qui déferle en direction de Compiègne. Le commandant Greppo, sur le point d'être cerné dans son P. C. du Moulin-Détruit, donne, vers 13 heures, à ces deux compagnies l'ordre de se replier. Il rompt ainsi de quelques centaines de mètres, couvert par les sections Beaugrand et Grégoire, et s'organise de nouveau sur une position intermédiaire, appuyé à gauche du bataillon de Vaucresson qui couvre la carrière Saint-Claude. Ce mouvement s'exécute en ordre par le boyau Madame, pendant que les batteries voisines, énergiquement commandées par le lieutenant Remusat, du 270ᵉ R. A. C., tirent leurs derniers obus à découvert sur les groupes ennemis qui s'avancent. Les quelques canons qui ont échappé à la destruction de l'effroyable préparation de la nuit sont servis sous les balles de mitrailleuses par les maréchaux des logis chefs de pièce, qui, la mort dans l'âme, ne les abandonnent qu'après les avoir fait sauter. D'ailleurs, depuis le matin, l'héroïsme est monnaie courante sur le plateau Saint Claude, où cuirassiers et artilleurs rivalisent de courage et d'endurance.

A droite, la situation est encore moins nette. La liaison qui, depuis le matin, est toujours restée incertaine entre le 1ᵉʳ et le 3ᵉ bataillon, n'a pu encore être assurée. Le sous-lieutenant Boiton, envoyé en reconnaissance avec sa section dans les bois de Belval pour éclaircir la situation, ne revient pas. La compagnie Fleury va tenter, en prolongeant la droite du 1ᵉʳ bataillon, de remplir ce vide angoissant que bat seul, avec ses quatre pièces, le peloton de mitrailleuses du sous-lieutenant Marquis.

A 16 h. 30, l'ennemi qui, depuis un moment, semblait marquer un temps d'arrêt, reprend son attaque avec plus de violence. Sur le plateau, c'est un déluge de balles ; le canon, lui aussi, se met de la partie, mais faiblement. Sur toute la ligne, tout le monde a au cœur le même mot d'ordre : résister à outrance, et malgré les pertes, personne ne recule. Pourtant au P. C. du colonel les mauvaises nouvelles affluent sans discontinuer. Le commandant Greppo est tué de deux balles dans le cou, le sous-lieutenant Beaugrand est tué, le lieutenant Fleury, grièvement blessé d'une balle à la poitrine ; la section du lieutenant Grégoire, acharnée à défendre un élément de tranchée, est coupée de sa compagnie ; seul, son agent de liaison, Le Gourier, s'échappe en se débarrassant de deux grands diables d'Allemands qui essaient de lui barrer la route, jetant son fusil déchargé dans les jambes de l'un et son casque à la figure de l'autre. A la droite enfin, la compagnie Cury a été entraînée par le repli des éléments d'un bataillon du 4e Cuirassiers, et de proche en proche tout le 3e bataillon cède, sous la menace de l'infiltration ennemie. Prévenu de ce repli, le colonel adresse au commandant Boulenger plusieurs agents de liaison, puis finalement le maréchal des logis Salendres, qui commande le groupe des coureurs, avec mission de rétablir à tout prix la liaison. Hélas, tous ces braves tombent héroïquement dans l'accomplissement de leur tâche, mais sans pouvoir atteindre le but qui leur a été fixé. La 1re compagnie est alors lancée dans ce trou qui s'agrandit sans cesse, à la droite de la 7e compagnie que commande maintenant le lieutenant Taillefesse. Mais malgré une vigoureuse progression à la grenade du sous-lieutenant de Valady, dans le boyau de la Tannière, la liaison ne peut être rétablie et la partie orientale du plateau ne tarde pas à tomber aux mains de l'ennemi. Il y installe aussitôt des mitrailleuses, tout en continuant sa progression vers Bellinglise ; enfin, au sud-ouest, débouchant du ravin de Mareuil-Lamotte, une attaque tente de gravir les pentes boisées.

Contraste saisissant, cruelle ironie des choses ! un soleil resplendissant pare ce champ de mort ! Un drachen sournois s'élève de Gury et fouille le terrain, désignant aux *feldgrauen* les cibles favorables. La voix du canon s'est tue, notre artillerie a épuisé ses stocks, l'ennemi avance sans doute la sienne ; seul, le crépitement des mitrailleuses interrompt le silence du jour ; mais ce calme trompeur ne dure qu'un instant. L'entrée des carrières Saint-Claude est prise à partie par des mitrailleuses ; des mouvements sont signalés. Alerte ! Baïonnette au canon ! tous les hommes disponibles sont sortis sous l'impulsion vigoureuse des officiers qui animent la résistance. Le commandant de Vaucresson, juché au sommet des carrières, encourage son bataillon ; à trois reprises différentes, les vagues allemandes viennent se briser sous les feux des compagnies Mithouard et d'Elva, pendant que les mitrailleurs de la compagnie Réau interdisent les pentes sud-ouest du plateau.

Tout est jeté dans la bataille : pionniers, observateurs, coureurs, téléphonistes. Seuls les blessés demeurent, que soignent avec un dévouement admirable les docteurs Fonteilles, Pernot, Vacher et Hollard.

Il est 17 h. 30. Une automobile sanitaire a franchi la zone de feu ; un flegmatique Américain en descend et charge quelques blessés : on en met sur le siège, sur le capot, et le brave Yankee dévale vers l'arrière, à travers les balles. Il se nomme Gallery. Le régiment garde avec reconnaissance le souvenir de son nom.

Que la nuit protectrice est longue à venir ! Les fusées vertes s'élancent dans le ciel : c'est un aviatik qui se fait jalonner la ligne.

A 18 h. 15, les coureurs envoyés vers l'arrière refluent devant l'ennemi qui resserre son étreinte à la fois par Mareuil-Lamotte et par les bois de Bellinglise. Les débris du 9e vont-ils disparaître submergés ?...

Une ligne de résistance demeure encore sur la partie méridionale du plateau. Le colonel va tenter d'y arrêter encore l'ennemi. Il donne l'ordre de s'y replier. L'évacuation de la carrière commence par petits groupes. Les médecins seuls demeurent avec leurs blessés.

A 18 h. 30, sort le dernier groupe, tandis que l'ennemi exécute un feu violent de minen et de mitrailleuses. Baïonnettes hautes à travers champs, en tirailleurs, il s'ouvre un passage, couvert par une dernière poignée de braves dont fait partie le lieutenant de la Rochefoucauld, qui, avec son imperturbable sang-froid, décharge son revolver sur l'ennemi, jusqu'au moment où il tombe lui-même, victime de son héroïque sacrifice. Enfin, toutes les fractions ont atteint la lisière des bois et se reforment sur les parallèles de Brest et de Bellinglise, qu'occupent avec une magnifique résolution les territoriaux du commandant Lafon. Le 9e Cuirassiers tient toujours le plateau sous ses feux et va pouvoir encore faire tête, insoucieux de sa situation presque désespérée. En effet, sur la droite, l'ennemi s'est glissé jusqu'au château de Bellinglise, où le sous-lieutenant Trannin ne peut empêcher un groupe de mitrailleurs de s'installer près de la fontaine ; tandis qu'à gauche, l'équipe de téléphonistes du maréchal des logis Mouche se heurte à un parti adverse sur les pentes boisées qui montent aux carrières de l'Abbaye.

Le régiment tient pendant plus d'une heure encore sa dernière ligne de défense. A la nuit seulement, un repli s'effectue méthodiquement vers le Matz. L'une après l'autre, par ordre, les compagnies, hélas ! bien réduites, exécutent leur mouvement, précédées par les territoriaux du 65e R. I. T. A 20 h. 15, avec l'arrière-garde, le colonel, suivi de son adjoint, le lieutenant Vareille, et de quelques hommes, s'engage à son tour sous bois, dans l'étroit couloir que l'infiltration ennemie laisse encore libre vers le pont de Vandelicourt.

Enfin, une heure plus tard encore, alors que les Allemands s'organisent dans Elincourt, une petite troupe sort des bois par le sentier de l'Abbaye et, précédée de deux hommes, se présente à l'entrée du village : c'est ce qui reste de l'héroïque section du sous-lieutenant Agnus, qui, depuis le matin, se bat avec un acharnement magnifique. Distraite par l'ardeur de la lutte, elle ne s'est pas liée au repli du régiment et tente maintenant de le rejoindre en se glissant à travers bois. Mais au bruit, plusieurs Allemands se méfient, et, à tout hasard, crient dans la nuit l'appel alléchant qui leur est habituel : « Franzouse, kamarad ! guerre finisch ! » On est si près l'un de l'autre qu'une hésitation serait fatale. Le sous-lieutenant Agnus, comme autrefois le général Cambronne à Waterloo, sent bouillonner en lui la même sainte colère envers ceux qui le prennent pour un lâche, et, dans la même virulente apostrophe qu'il y a cent ans, lance en un seul mot, à la figure de ses adversaires, le résumé de ce qu'il pense : « Les cuirassiers meurent, mais ne se rendent pas ! » Mettant aussitôt à profit la stupéfaction des Allemands, interdits de tant d'audace, il enlève sa petite troupe dans un élan furieux, bouscule tout ce qui s'oppose à son passage, et, sous une pluie de balles qui se perdent dans la nuit, la ramène au pont du Matz. Quelques minutes après, encore tout bouillant de son exploit, il se faisait reconnaître à des avant-postes du 55ᵉ R. I., qui, en liaison avec ceux du 3ᵉ bataillon, tiennent la coupure du ruisseau.

Ainsi, pendant plus de quinze heures, le 9ᵉ Cuirassiers, presque encerclé, a disputé trois kilomètres de terrain aux chasseurs du corps alpin allemand, arrêtant sur le plateau Saint-Claude une des meilleures troupes de la Germanie.

Résistance sur le Matz.

La fin de la nuit se passe sans nouveaux incidents et le régiment peut même se reposer quelques heures à la ferme de Vaugenlieu ; mais tout le monde sent bien que, malgré l'effort de la veille et l'appoint de divisions d'infanteries nouvelles, la situation n'est pas encore fixée. De toutes parts, la bataille fait rage, et le crépitement continuel des mitrailleuses allemandes s'entend sur toutes les crêtes du massif de Thiescourt, de Saint-Claude à Ribécourt, en passant par l'Ecouvillon. Le commandement va-t-il laisser le régiment l'arme au pied, au centre de cet arc de cercle de feu ? Non certes, car il sait que, tout meurtri et affaibli qu'il soit par les durs combats de la veille, d'un grand cœur il donnera « un nouvel effort, puisque les circonstances l'exigent ». Et, de fait, c'est en ces termes brefs, qu'à 12 h. 30, le 10 juin, s'exprime l'ordre de la IIIᵉ armée, prescrivant au 9ᵉ de se mettre à la disposition de la 53ᵉ D. I. (division Guillemin), pour soutenir son aile droite.

Aussitôt, bien que privées d'une grande partie de leurs cadres et ayant perdu beaucoup de leurs armes automatiques, les compagnies se préparent, pendant que le colonel donne ses ordres : les camarades sont en détresse, allons les aider !

Le bataillon Boulenger est affecté à la défense de Chevincourt, qu'il organisera dans le courant de la journée, en liaison avec un bataillon du 12ᵉ régiment d'infanterie.

Quant aux bataillons Gallini et de Vaucresson, ils ont mission de rejeter l'ennemi, par une contre-attaque dans la région de la ferme d'Attiche. Aussitôt, la marche d'approche commence, rendue particulièrement pénible par la nature du terrain accidenté, l'incertitude de la situation et la violence des tirs d'artillerie qui, systématiquement, fouille tous les ravins de la « Petite Suisse ».

D'ailleurs, en cours de route, un ordre de l'I. D. 53 fait dévier les deux bataillons vers les carrières de Montigny, de façon à s'opposer à une forte infiltration ennemie qui se produit en direction d'Antoval. Enfin, à 17 heures, un nouvel ordre redresse encore plus vers le sud l'axe de marche et modifie la mission nettement offensive de contre-attaque en une autre beaucoup moins rassurante : « Barrer aux Allemands la route de Cambronne. » Tous ces contre-ordres successifs, amenés par la rapidité de la sournoise progression des *feldgrauen* dans les bois, se traduisent pour la troupe par des changements de direction fréquents et des stationnements prolongés.

Toutefois, chez ces hommes brisés de fatigue, mal ravitaillés depuis deux jours, énervés par le contact permanent de l'ennemi, pas un cri, pas une plainte. La discipline est si profonde que, de temps en temps, si un mitrailleur ou un F.-M. trop lourdement chargé trébuche avec un juron dans une ornière, vite il se relève et reprend sa place dans la colonne.

C'est dans ces conditions que le 2ᵉ bataillon est dirigé sur Cambronne, qu'il doit occuper, et le 1ᵉʳ bataillon, vers le parc du château de Saint-Amand, où il doit trouver la droite du 205ᵉ R. I. Malheureusement le commandant de Vaucresson a été devancé sur son objectif, et quand il se présente devant Cambronne, il trouve le village fortement occupé par l'ennemi. D'autre part, le capitaine Gallini a un mal énorme à trouver le 205ᵉ R.I., qui n'est pas aux emplacements indiqués. Le sous-lieutenant de Valady, envoyé avec la 1ʳᵉ compagnie, en exploration dans la nuit pour établir cette liaison, tombe dans une embuscade et est tué en ramenant un de ses hommes blessés.

Enfin, vers minuit, la ligne finit par se fixer et se jalonne de Saint-Amand, où la compagnie Gallini se relie au 319ᵉ R. I., à la grande route de Noyon, au nord de Béthancourt, où le commandant de Vaucresson est en liaison avec une compagnie du génie. Cette ligne est d'ailleurs panachée de quelques éléments des 205ᵉ, 236ᵉ et 319ᵉ R. I.

De son côté, le 3ᵉ bataillon fait preuve de beaucoup d'endurance, car, depuis l'après-midi, il est très éprouvé dans Chevincourt par le bombardement. Ce qui n'empêche pas, vers 23 h. 30, la 11ᵉ compagnie d'arrêter net par ses feux une tentative de progression ennemie.

La nuit finit dans un calme relatif, et la matinée du 11 juin est également peu mouvementée. Mais, vers 13 heures, après un bombardement violent, l'ennemi prononce une attaque générale sur tout le front de la 53ᵉ D. I. A gauche, un fléchissement se produit; nos bataillons, se liant au repli général, sont contraints de passer le Matz, coupure qui, d'après les ordres de l'armée, doit être tenue à tout prix. Les unités de première ligne tiennent la rive sud de la rivière, tandis que les compagnies de soutien garnissent les crêtes qui la longent à 600 mètres environ. Cependant, malgré nos tirs violents de 75, les avant-gardes ennemies, au prix de très gros sacrifices, commencent à se montrer le long du ruisseau ; même quelques silhouettes *feldgrau* se distinguent au milieu des prairies, essayant de gagner les blés et les luzernes dans lesquels le commandant de Vaucresson a arrêté son bataillon.

A gauche, dans le village de Mélicocq, le mouvement de l'ennemi s'accentue de plus en plus ; nullement appuyé de ce côté, pour éviter l'enveloppement; le commandant de Vaucresson est contraint de se replier. Il le fait par bonds de 300 mètres, et chaque fois, par des contre-attaques locales, il reprend cette bande de terrain, imposant sa volonté à l'adversaire et calmant sa hardiesse par la puissance de ses feux.

A 17 heures, cependant, l'Allemand reprend sa progression et s'approche de la crête, d'où il sait pouvoir balayer de ses feux tout le pays vers le sud. Le commandant de Vaucresson sent toute la gravité de la situation ; rassemblant ses officiers, en quelques mots, sous le bombardement qui ne cesse pas, il leur fait comprendre que le seul moyen d'arrêter l'ennemi est de l'attaquer. Le lieutenant Paillard, qui remplace, à la tête du 1ᵉʳ bataillon, le capitaine Gallini, grièvement blessé, lui apporte l'appoint des quelques sections qui subsistent de son unité ; des groupes de fantassins se joignent à elles, ainsi que de vaillants artilleurs qui, comme le chef d'escadron Perrault, refusent de considérer leur tâche comme terminée, parce que leurs canons ont été détruits. Cette troupe disparate, harassée par trois jours de combats incessants, affaiblie par une soif ardente, au commandement énergique du chef qui s'est imposé à elle par sa volonté de vaincre, se dresse d'un seul élan, et malgré le barrage d'artillerie et les balles crachées par des dizaines de mitrailleuses, se jette irrésistiblement en avant.

Les Allemands, bousculés par cette vigoureuse contre-attaque, dévalent à toutes jambes, cette fois, la pente qu'ils ont mis plus de trois heures à gravir, poursuivis sur une profondeur de plus de cinq cents mètres. Ce retour offensif, conduit avec une vigueur incomparable, en particulier par les compagnies Taillefesse et Mithouard, força l'admiration des Allemands eux-mêmes ; le général von Ardenne reconnaît, dans le *Berliner Tageblatt* du 18 juin, que « les récentes contre-attaques françaises, sur le front du Matz, ont été menées avec un esprit de sacrifice et un entrain passionnés », et il ajoute : « Les régiments des cuirassiers français se sont particulièrement distingués le 11 juin par leur bravoure et ont mérité plus justement leurs lauriers que les cuirassiers de Reichshoffen ! »

Hélas ! l'effet produit sur l'adversaire par cette formidable bourrade n'est pas exploité par les unités voisines ; bien au contraire, de nombreuses petites colonnes se retirent vers le sud : il semble que l'espoir soit sorti des cœurs. La mort dans l'âme, les éléments du bataillon de Vaucresson sont bien forcés de se conformer au mouvement général de repli.

En même temps, le lieutenant-colonel Calla, informé de la blessure et de l'évacuation du colonel Pigault, commandant l'I. D. 53, assume le commandement de l'infanterie de la 53ᵉ D. I. Les premiers ordres que lui adresse le général Guillemin sont : « Il faut reprendre Mélicocq et la rive droite du Matz. Toutes les troupes de la D. I. se porteront en avant, droit devant elles, au reçu du présent ordre. » Comment faire exécuter ces prescriptions impératives? Déjà des éléments du 236 ont dépassé le chemin de terre de Thourotte, le 205 va y arriver, le bataillon de Vaucresson recule lui aussi, en ordre parfait, il est vrai. Les hommes sont épuisés par la chaleur torride sur ce plateau sans ombre, et l'ennemi harcèle ces mouvements par une artillerie lourde puissante, tandis que les rafales de mitrailleuses rasent le sol. La situation est tragique! Un instant de défaillance, et la dernière ligne qui défend Compiègne, le Mont Ganelon, position non encore organisée, va se trouver sérieusement menacée par un adversaire entreprenant. La décision est prompte, le moyen est trouvé. « En avant ! le 9e », s'écrie le colonel, et tandis que cet appel se répercute, les officiers entraînent de nouveau leurs unités. De tous côtés des voix crient : En avant ! L'épuisement est un adversaire redoutable, mais des traditions glorieuses sont un levier trop puissant pour ne pas soulever de tels hommes. L'âme de la troupe a communié avec celle du chef dans le même culte du patriotisme et de l'honneur. Et de nouveau ils sont repartis dans la lutte, appesantis et enfiévrés, sans un regard en arrière, tous, grenadiers, mitrailleurs, fusiliers, secrétaires, cyclistes, téléphonistes, oubliant leurs misères et ne pensant plus qu'à leur mission sublime. Leur exemple est si noble, qu'il entraîne rapidement les voisins. Le 236 s'avance à son tour, puis c'est le 205. Tout suit, la ligne est reformée !

Notre artillerie ouvre alors un feu violent sur Mélicocq et les villages au nord du Matz, préparant une contre-attaque générale qui se déclenche à 21 heures. Violente et nerveuse, elle atteint de nouveau la crête et la dépasse, rejetant l'ennemi sur le Matz, mais les hommes sont trop épuisés pour atteindre Mélicocq. La ligne se fixe sur les pentes descendantes et la nuit se passe à organiser cette position.

Certes, il faut reconnaître que cette impétueuse contre-attaque n'a pas rigoureusement atteint ses objectifs, puisqu'en particulier Mélicocq n'est pas occupé par nous ; mais, néanmoins, le commandement a tout lieu d'être satisfait, car dès maintenant la ruée allemande est arrêtée dans ce secteur : sa volonté de percer s'est brisée contre la volonté plus forte de la 53e D. I., galvanisée par le magnifique exemple du 9e Cuirassiers. D'ailleurs, pratiquement la rive sud du Matz est à nous, car toute la nuit d'actives patrouilles contribuent à la nettoyer des quelques isolés qui s'y cramponnent encore. Bien mieux, au petit jour, un vieux paysan sort de Mélicocq et, ramené par une patrouille dans nos lignes, raconte que les Allemands, après l'avoir pillé et incendié, ont évacué presque entièrement le village. Le moindre effort suffira donc à nous porter jusqu'au Matz, et nous avons, pour le donner, le solide appui d'une position dominante, bien tenue et très avantageuse comme base de départ.

D'ailleurs, de son côté, l'ennemi, qui a subi des pertes hors de proportion avec le résultat obtenu, est épuisé. Dans toute la journée du 12, il réagit fortement avec son artillerie, mais ne tente qu'une faible attaque d'infanterie vers 13 h. 30, dont viennent facilement à bout les F.-M. et les mitrailleuses. Le régiment a toujours ses deux bataillons de Vaucresson et Paillard engagés ; quant au bataillon Boulenger, trop vivement pris à parti, par l'artillerie lourde dans la ferme de Vaugenlieu (où il avait été contraint de se replier le 11 en quittant Chevrincourt), il reste en réserve de division d'abord dans le parc du château de Rumberlieu et, ensuite, au sud-est du bois de Caumont.

Dans la nuit du 12 au 13, des bruits de relève circulent : c'est la 67e D. I. qui vient remplacer la 53e. Au petit jour, les cuirassiers voient des ombres les dépasser, puis d'autres s'en aller, et eux, les oublie-t-on ? Non pas ! Seulement la 67e D. I. s'est portée immédiatement en avant par un dépassement de ligne hardi et fructueux. Profitant de l'usure de l'ennemi, très facilement elle atteint les objectifs du 11, c'est-à-dire Mélicocq et le Matz. Le commandement demande alors un dernier effort au 9e : rester toute la journée sur ses emplacements devenus de 2e ligne, pour parer à une contre-attaque allemande éventuelle. Mais, décidément, l'ennemi a bien reconnu son impuissance, car, de toute la journée, seule son artillerie écrasera rageusement ceux que son infanterie n'ose plus attaquer.

Enfin, le soir du 13, à 21 heures, le colonel commandant du 283 donnera son exéat au 9e, qui reçoit l'ordre de se rendre à Venette et d'y rallier les autres corps de la 1re D. C. P.

Le lendemain, le général Brécard venait féliciter en personne le régiment pour son héroïque attitude au cours de la bataille et lui transmettre les compliments du général Pétain, commandant en chef.

Enfin, quelques jours plus tard, le général Guillemin, commandant la 53e D. I., écrivait au général Brécard : « Au moment où la 53ᵉ D. I. était vigoureusement pressée et devait céder pied à pied devant l'afflux des masses ennemies, votre division lui envoya le 9ᵉ Cuirassiers. Durement éprouvé déjà dans les premières heures de la bataille, c'est avec des effectifs bien réduits que ce beau régiment vint à notre aide. Mais pour petit que fût leur nombre, vos hommes surent, mon général, nous montrer ce que vaut la cavalerie à pied. Je tiens à vous prier de transmettre à tous, à son chef, le lieutenant-colonel Calla, aux officiers et aux soldats, en même temps que mes sincères félicitations, mes remerciements de l'appui qu'ils nous ont donné. »

D'ailleurs, dès le 15, le colonel a résumé dans un ordre du jour les hauts faits dont le régiment pourra s'enorgueillir à jamais : « Cuirassiers à pied du 9ᵉ, dit-il à ses hommes, pendant cinq jours et cinq nuits de rudes combats, vous avez fait preuve de ces hautes qualités militaires qui s'appellent l'endurance, la ténacité et la volonté de vaincre.

« Vous avez eu devant vous des unités appartenant aux meilleures troupes de l'armée allemande : la garde et le corps alpin. Vous en avez eu raison, les forçant à ralentir leur marche, puis à s'arrêter.

« C'est un nouveau succès pour notre étendard !

« Gardé par des vaillants tels que vous, il en connaîtra encore ! »

Et, de fait, comme pour répondre à la confiante prophétie de son chef, dès le lendemain, le régiment s'embarque à Clermont, pour aller en Champagne d'abord, en Argonne ensuite, récolter une nouvelle moisson de magnifiques lauriers.

III. — L'ATTAQUE ALLEMANDE DU 15 JUILLET

Débarqué, le 18 juin, à Vitry-la-Ville, le régiment se rend dans un de ces cantonnements de repos, à l'installation si parfaite, que le général Gouraud a fait aménager dans la zone arrière de la IVe armée.

Leur renommée de gloire a précédé les cuirassiers dans cette Champagne dont pourtant les larges ondulations s'ouvrent devant eux comme un fastueux mémorial des plus purs héroïsmes de notre race. Depuis quatre ans, maints régiments se sont illustrés dans cette craie célèbre dans le monde entier, et cependant leur chef, dès le lendemain de leur arrivée, se déplace spécialement pour venir dire aux cuirassiers de la 1re D. C. P. toute sa fierté d'avoir d'aussi belles troupes sous ses ordres. Tout le régiment frémit d'orgueil aux paroles flatteuses de ce chef qui est un arbitre en matière d'héroïsme !

Aussi est-ce d'un cœur allègre que les régiments s'arrachent à la douceur de leur cantonnement de repos, confiants dans leur nouveau général qui du premier jour a su les apprécier. En deux étapes, les cuirassiers se portent en réserve d'armée à Hans, Somme-Bionne et la ferme des Maigneux. Là, pendant dix jours, les bataillons se reforment, des renforts arrivent, des nominations suppléent aux vides des cadres, des officiers nouveaux viennent de divers régiments aider ceux qui inlassablement veillent à maintenir si élevée la condition du 9e. Jusqu'au 1er juillet, bercées par le roulement continuel du canon à l'horizon du Nord, ayant sous les yeux, comme une leçon du passé, la colonne de Valmy, les compagnies, se livrent à un travail de cohésion qui, en peu de jours, fait naitre cette confiance réciproque, véritable clef de voûte de la discipline et de la valeur d'une troupe.

A partir du 2 juillet ont lieu les reconnaissances préparatoires dans le sous-secteur Afrique, tenu par le 369e régiment américain (369 R. I. U. S.), et dans la nuit du 3 au 4 juillet, de nouveau le régiment se retrouve en contact avec l'ennemi. Le bataillon Boulenger est en première ligne dans le quartier Melzicourt, le bataillon de Vaucresson également, dans le quartier Bizerte, tandis que le 1er bataillon (capitaine de Lammerville) est en réserve sur la position intermédiaire au C. R. Poirier près du camp de la Charmeresse. Le P. C. fonctionne à Vienne-la-Ville.

Le secteur confié à la garde de la 1re D. C. P. est-il un secteur calme, comme il en existe en plusieurs points du front, et qui servent des deux côtés à entretenir la valeur combative des divisions éprouvées tout en leur épargnant de nouvelles pertes ? A-t-on confié à ces cavaliers, qui viennent par deux fois de souffrir si cruellement, une zone de peu d'importance, un secteur que probablement l'ennemi n'attaquera jamais en force. Jugez-en : deux noms suffisent à fixer nettement la valeur et l'importance de cette région, ce sont ceux des points où la D. C. P. fait sa liaison avec ses voisins : à gauche, la Main-de-Massiges ; à droite, le bois de la Gruerie ! Ces deux noms, qui resteront à jamais dans cette région comme les symboles des luttes les plus farouches des années précédentes, en disent assez sur le prix que l'ennemi attache à ces crêtes et à ces bois. C'est qu'en effet dans cette bande de terrain qui court le long de la forêt d'Argonne, en bordure des ondulations de la Champagne, se glisse le couloir de l'Aisne suivi par la voie ferrée pénétrante de Vouziers à Sainte-Menehould !

Sans doute alors le commandement est-il certain que l'ennemi, fatigué de l'effort de ses dernières offensives, ne pense plus qu'à reformer ses divisions décimées et n'a plus en tête la moindre velléité d'attaquer ? A cette question un seul document sert de réponse éloquente, c'est l'ordre que le général Gouraud adresse le 7 juillet (trois jours après l'entrée en secteur de la D. C. P.) aux « soldats français et américains de la IVe armée ». Ah ! non, certes, l'ennemi ne songe pas au repos, car les premiers mots du général sont : « Nous pouvons être attaqués d'un moment à l'autre », et il ajoute : « Nous sommes prévenus et nous sommes sur nos gardes », et sans se faire la moindre illusion sur la rudesse du choc qui va être porté à son armée, sur « le bombardement qui sera terrible, sur l'assaut qui sera rude, dans un nuage de poussière, de fumée et de gaz », confiant dans la solidité « des cœurs braves et forts d'hommes libres » qui battent dans la poitrine de ses soldats, il termine dans cette prophétique vision d'espérance : « Cet assaut, vous le briserez, et ce sera un beau jour ! »

Donc au 9ᵉ aucun doute n'est permis : d'ici quelques jours au plus tard, la bataille va de nouveau faire rage et, pour la troisième fois, il faudra sans doute arrêter une ruée allemande plus formidable encore que les autres, car c'est la dernière carte que l'ennemi va jouer, la seule qui lui reste pour lui procurer la paix dont il a tant besoin ! Résolument on se met au travail pour lui interdire de faire sauter cette « charnière » importante de notre front.

Tout de suite commencent les mouvements de nuit qui vont réaliser ici la manœuvre souple et hardie par laquelle le général Gouraud va faire échouer sur tout le front de son armée l'attaque allemande quand elle se déclenchera. Toute la première position est évacuée de nuit. Seuls quelques éléments de surveillance (4 sections par bataillon) et des mitrailleuses y demeurent, la résistance étant reportée nettement en arrière, sur la position intermédiaire. En cas d'attaque, les avant-postes ont mission de signaler par des fusées la sortie de l'ennemi et sa marche vers notre position principale.

Toutes les nuits, depuis le 7, ce dispositif d'alerte est rigoureusement pris. Successivement les compagnies Rival et Mourouzy, du 3ᵉ bataillon, puis les compagnies du sous-lieutenant Marquis et du capitaine Legrand, du 1ᵉʳ bataillon, sont aux avant-postes. Le colonel a porté son P. C. de Vienne-la-Ville à proximité de la ferme du Moulinet.

Enfin, le soir du 14 juillet, à 23 h. 45, un bulletin de renseignements de l'armée fait connaître que des prisonniers ennemis annoncent le déclenchement de la préparation d'artillerie pour le soir même à minuit et de l'attaque d'infanterie pour le 15, à 3 heures du matin.

Presque aussitôt, en effet, le ciel s'embrase vers l'ouest, et le prélude formidable des grandes offensives déchire de son vacarme le calme de la nuit. Toutefois, à part quelques rafales d'obus de gros calibre qui s'abattent dans le bois d'Hauzy et sur le C. R. Poirier et Vienne-la-Ville, la préparation d'artillerie semble se limiter à notre gauche à la Main-de-Massiges. Anxieusement on attend le jour ; mais le capitaine Legrand, aux avant-postes, ne signale rien de particulier, et cette fois-ci, la 1ʳᵉ D. C. P. n'aura pas à intervenir. La forte flanc-garde qui attendait devant les cuirassiers le moment de se porter en avant le long de l'Argonne pour protéger la marche des armées du Kronprinz s'avançant triomphantes à travers la Champagne, n'aura pas à remplir sa mission ! Quatre morts et une trentaine de blessés seront au régiment les seules victimes des longs et minutieux préparatifs allemands, déjoués par la sagacité du commandement français.

Dès le 16 juillet, le général Gouraud élève de nouveau la voix pour faire entendre aux soldats de la IVᵉ armée ce magnifique ordre du jour de victoire :

« Dans la journée du 15 juillet, vous avez brisé l'effort de quinze divisions allemandes appuyées par dix autres.

« Elles devaient, d'après leurs ordres, atteindre la Marne dans la soirée : vous les avez arrêtées net là où nous avons voulu livrer et gagner la bataille.

« Vous avez le droit d'être fiers, héroïques fantassins et mitrailleurs des avant-postes qui avez signalé l'attaque et l'avez dissociée, aviateurs qui l'avez survolée, bataillons et batteries qui l'avez rompus, états-majors qui avez si minutieusement préparé ce champ de bataille.

« C'est un coup dur pour l'ennemi, c'est une belle journée pour la France.

« Je compte sur vous pour qu'il en soit toujours de même chaque fois qu'il osera vous attaquer, et de tout mon cœur de soldat je vous remercie. »

Le secteur du bois d'Hauzy.

Dès le lendemain, la IVᵉ armée commence à réoccuper ses positions ; mais comme l'ennemi a été déséquilibré par l'échec de son offensive et que, d'autre part, le général Mangin l'empêche, du côté de Villers-Cotterets, de se rétablir, il n'est plus besoin de tenir avec autant de monde un secteur qui ne sera presque sûrement plus attaqué maintenant. En conséquence, dès le 20 juillet, le régiment est largement articulé en profondeur et le 22 la D. C. P. a ses trois régiments accolés, ayant chacun un bataillon en première ligne, un en réserve sur la position intermédiaire et le dernier au repos. Le 9ᵉ Cuirassiers est au centre de ce nouveau dispositif dans le sous-secteur du bois d'Hauzy, encadré à l'est par le 11ᵉ dans le sous-secteur de Saint-Thomas et à l'ouest par le 4ᵉ Cuirassiers dans le sous-secteur de Ville-sur-Tourbe. Le colonel a son P. C. à Vienne-la-Ville.

Alors commence pour le régiment une vie régulière de secteur calme qui, pour des hommes habitués depuis quatre mois à des luttes de titans, semble presque du repos. Les cuirassiers continuent d'ailleurs à récolter, pour leur magnifique conduite passée, les éloges des chefs qui les approchent. Que ce soit le général Gouraud qui vient, le 28 juillet, à la Neuville-au-Pont, conférer lui-même au colonel Calla la rosette d'officier de la Légion d'honneur ; le général Hély d'Oissel commandant le 8ᵉ C. A., à Sainte-Menehould ; le général Féraud venu spécialement voir la 1ʳᵉ D C. P. ou un peu plus tard le général Pierron de Montdésir, commandant le 38ᵉ C. A., tous sont fiers d'avoir, à des titres divers, sous leurs ordres ces beaux régiments et sont heureux de trouver des occasions de le leur dire !

Le 14 août, l'étendard du régiment, escorté par une délégation choisie parmi les officiers et les hommes les plus braves du régiment, se rend à Châlons, à la cérémonie présidée par le général Gouraud et à laquelle participent tous les corps de la IVᵉ armée.

Toutefois, la griserie de ces flatteuses manifestations n'altère pas le ferme sentiment du devoir qui est la moelle même du régiment.

Lors du 4ᵉ anniversaire de l'entrée en campagne, le général Pétain, commandant en chef des armées françaises, a, dans un ordre du jour magnifique, célébré comme ils le méritaient les efforts et les fatigues passés ; mais il a terminé sur un appel qui a été compris de tous et qui laisse entrevoir pour un avenir tout proche le moment, tant désiré depuis des mois, de prendre à son tour l'offensive.

Ardemment le régiment s'y prépare, en poussant activement l'instruction des bataillons au repos et en réserve, et d'une façon plus efficace encore en exécutant dans le sous-secteur du bois d'Hauzy toute une série de coups de main et de patrouilles offensives.

Le 25 juillet, le sous-lieutenant Mattei, avec 50 hommes de la 6ᵉ compagnie, fait une incursion sur la rive gauche de la Tourbe pour tâter les lignes ennemies. Dans la nuit du 29 au 30, le sous-lieutenant Berranger, de la 5ᵉ compagnie, emmène un détachement reconnaître les avancées allemandes du Pont-Pardon. Malgré les tirs de mitrailleuses, l'épaisseur des réseaux de fil de fer et les embûches du terrain marécageux, il ne rentre qu'après avoir complètement rempli sa mission. Le 3 août seulement l'ennemi réagira par un coup de main sur un P. P. du sous-secteur de Saint-Thomas ; malgré l'importance du bombardement qui l'accompagne, son *stoss-trup* échouera d'ailleurs.

Pendant les semaines qui suivent, les patrouilles se multiplient. Parmi les plus audacieuses, figure celle exécutée le 24 août par les sous-lieutenants Yvernel et Evrard, de la 6ᵉ compagnie, aux lisières du bois de Ville qui, à la suite d'un combat à la grenade des plus mordants, rapporte de très utiles précisions sur son organisation ; puis celle que mène à bien, malgré les difficultés considérables du terrain, le sous-lieutenant Lelièvre, de la 9ᵉ compagnie, dans la nuit du 9 au 10 septembre ; enfin, celle de la nuit du 12 au 13 septembre au cours de laquelle le sous-lieutenant Laurain, de la 3ᵉ compagnie, se heurtant, près du canal de la Tourbe, à une patrouille allemande, l'aborde franchement, lui prend deux prisonniers et disperse le reste.

Entre temps, depuis le 28 août, la 1ʳᵉ D. C. P. est placée sous les ordres du général de Montdésir, commandant le 38ᵉ C. A. De légers remaniements dans la limite de la zone affectée au régiment, interprétés par les hommes à la lumière des brillants succès de leurs camarades des armées du Nord, leur font tout de suite présager de prochaines attaques. Plus ardents que jamais, les patrouilleurs ne prennent plus de repos et apportent des renseignements de plus en plus précis sur l'organisation du bois de Ville. Seule, dans la nuit du 21 septembre, l'opération tentée par l'adjudant Belette, de la 5ᵉ compagnie, n'a pas le succès désiré. Sa petite troupe de grenadiers, de sapeurs et de pionniers tombant brusquement sous le feu d'une mitrailleuse ennemie à l'affût au bord de la Tourbe, ne peut atteindre l'objectif qu'elle s'était fixé et revient à son point de départ en ramenant ses blessés.

Cet insuccès relatif ne ralentit pas nos cuirassiers, qui continuent leurs investigations hasardeuses jusque dans les lignes ennemies. Le moment de prendre l'offensive paraît propice à tous. On attend l'ordre d'attaque. Il est envoyé, le 25 septembre, à la IVᵉ armée, dans ces termes, par le général Gouraud :

« En envoyant l'heure de l'attaque, le général exprime à tous sa confiance.

« La IVᵉ armée, le 15 juillet, a livré la bataille qui a permis tous les succès qui se sont invariablement répétés depuis pour la France et ses alliés sur tous les fronts.

« A notre tour, avec tous ceux qui attaquent en même temps que nous : En avant ! »

IV. — L'ATTAQUE DE L'ARMÉE GOURAUD

Pendant que, entre la Suippe et l'Aisne, le général Gouraud lance son armée. droit devant elle, à l'attaque des formidables positions qui l'arrêtent depuis si longtemps, à sa droite, le général Pershing découple sa première armée américaine entre l'Argonne et la Meuse. Le 38e C. A., auquel est toujours rattachée la 1re D. C. P., servira de lien entre ces deux armées. Il couvrira la droite de la IVe armée en attaquant en direction de Cernay-en-Dormois et se conformera au mouvement offensif général en nettoyant progressivement la vallée de l'Aisne.

La 1re D. C. P. forme la droite du 38e C. A. Elle est formée en deux groupements séparés par le cours de l'Aisne : un groupement rive gauche, aux ordres du général Destremau. en liaison à gauche avec la 74e D. I. du 38e C. A., et un groupement rive droite, aux ordres du colonel Durand, commandant le 11e Cuirassiers, en liaison à droite avec le 5e C. A. U. S.

Le 9e est l'élément de droite du groupement Destremau, ayant à sa gauche le 4e Cuirassiers. Le 1er bataillon (capitaine de Lammerville) le long de l'Aisne et le 2e (commandant de Vaucresson) à l'est de Ville-sur-Tourbe sont bataillons d'attaque. Le 3e (capitaine Taillan) est en réserve de D. C. P. Le P. C. du colonel est établi dans le chemin creux de Malmy.

Dès la tombée de la nuit du 25 au 26 septembre, les bataillons se portent à leurs emplacements ; à 23 heures, la préparation d'artillerie commence, très intense sur la gauche du secteur, nourrie devant le front du régiment ; pendant cette préparation, des équipes de cisailleurs ouvrent des brèches dans l'incroyable enchevêtrement de défenses accessoires tendues par l'ennemi devant son front depuis 1914.

Enfin, le 26 septembre, à 5 h. 25, les vagues d'assaut partent sur leurs objectifs.

L'ennemi ne réagit que faiblement ; ses premières lignes sont évacuées presque complètement ; il n'y a laissé que des éléments d'arrière-garde très dilués.

Partis à l'attaque avec un entrain merveilleux, les cuirassiers ont vers huit heures atteint leur premier objectif. A la droite, la 2e compagnie (sous-lieutenant Malle), après avoir traversé le Pont-Pardon, a enlevé la ferme de la Chapelle, a capturé, après un vif combat à la grenade, une section complète de deux mitrailleuses ; cette compagnie assure la liaison avec le 11e Cuirassiers, qui, sur la rive droite, s'est emparé du village de Servon. Le reste du 1er bataillon a pénétré sans peine dans le bois de Ville et y progresse le long de la voie ferrée.

A gauche, la compagnie Mithouard, du 2e bataillon, a, d'un bond, sauté dans la *Preussen stellung*, entre l'étang et le bois de Ville, où tout le bataillon ne tarde pas à s'installer rapidement. La liaison s'établit à gauche avec le 4e Cuirassiers, qui s'est rendu maître de la Justice et de la cote 150.

Des reconnaissances sont envoyées pour préparer le prochain bond. Le capitaine de Lammerville, qui a trouvé le bois de Ville presque complètement abandonné, a poussé immédiatement à la lisière nord la compagnie Renaudin, puis la compagnie Legrand.

A 16 heures, le général Destremau donne l'ordre d'attaquer le 2e objectif, constitué par le bois du Sugnon. Le bataillon de Vaucresson, qui a été précédé par les patrouilles de la compagnie Renaudin, y entre sans coup férir, vers 17 heures. L'ennemi a reporté sa défense plus en arrière, et les patrouilles, envoyées aussitôt reconnaître les abords du bois de Cernay, ne peuvent en approcher.

Après une nuit très calme, le dispositif du régiment va être légèrement modifié dans la matinée du 17. La 71e D. I. est entrée en ligne entre la 74e D. I. et le 4e Cuirassiers, décalant tous les axes de marche vers l'est. Le bataillon de Vaucresson marchera sur la lisière est du bois de Cernay, dont la lisière sud sera attaquée par le 4e Cuirassiers. Le capitaine de Lammerville fera passer la compagnie Malle sur la rive droite de l'Aisne, pour assurer plus intimement la liaison avec le 11e Cuirassiers, pendant que lui-même, avec le reste de son bataillon, sera en soutien du 2e bataillon. Le colonel porte son P. C. à la ferme du bois de Ville.

Après plusieurs décalages d'horaire, l'attaque se déclenche de nouveau vers 9 h. 30, mais elle ne peut guère progresser : à gauche, de violents feux de mitrailleuses arrêtent le 4e Cuirassiers devant le bois de Cernay, tenu en force par l'ennemi ; à droite, le 11e Cuirassiers ne peut déboucher de la briqueterie de Servon sous les feux de la cote 140 et de la vallée Moreau. Le couloir de l'Aisne, pris d'enfilade par les deux bastions de la cote 140 et du bois de Cernay, battu par une artillerie nombreuse, sans le moindre couvert ni le plus petit défilement, est une voie d'accès difficile. Nos éléments avancés atteignent la voie ferrée et s'y accrochent obstinément, mais le 2e bataillon commence à éprouver des pertes sensibles : les sous-lieutenants Poussin et Bourceret sont blessés.

Après une nouvelle préparation d'artillerie, à 18 h. 30 l'attaque est reprise. Le 4e Cuirassiers pénètre dans le bois de Cernay, mais vivement contre-attaqué, il ne peut s'y maintenir ; sur la rive droite, la compagnie Malle tente vainement une infiltration pour favoriser la progression du 11e Cuirassiers vers la cote 140 ; elle doit y renoncer. Le 2e bataillon s'organise en profondeur de part et d'autre de la voie ferrée, ayant en soutien le 1er bataillon dans le bois de Ville.

Dans la matinée du 28, le 38e C. A. reprenant sa progression, le 4e Cuirassiers, pour se lier à son mouvement, se lance de nouveau à l'attaque du bois de Cernay. Mais c'est à peine s'il peut déboucher de ses tranchées. De toute évidence cet important centre de résistance, si opiniâtrément défendu par l'ennemi, ne tombera que par une manœuvre débordante Celle-ci ne peut se faire qu'à la condition de ne pas tomber sous le feu de la cote 140 et de la vallée Moreau. C'est donc sur la rive droite, au dernier contrefort de l'Argonne, que se trouve la clef du bois de Cernay.

En conséquence, dès 15 heures, le général Brécard met le bataillon de Lammerville à la disposition du groupement Durand sur la rive droite. Aussitôt relevé sur ses emplacements du bois de Ville par le bataillon Taillan, le 1er bataillon se porte, par Saint-Thomas, sur Vienne-le-Château, de façon à renforcer l'attaque qui se monte en direction de Binarville.

Un peu plus tard, au cours de la nuit du 28 au 29, le 9e Cuirassiers en entier passe à son tour au groupement rive droite à Vienne-le-Château. Le bataillon de Vaucresson en réserve de D. C. P. stationne au camp de la Placardelle.

L'Argonne.

Voici donc, en pleine bataille, le régiment lancé brusquement dans le mystère des taillis et des ravins de cette Argonne fascinante, qui au cours des luttes séculaires que la France eut à soutenir contre les invasions de la Germanie, joua toujours un rôle si important ! Dans l'histoire de la libération de cette forêt légendaire, de Vienne-le-Château au Chêne-Pate, quelles belles pages de gloire le 9e Cuirassiers à pied, du 25 septembre au 3 novembre 1918, va écrire avec son sang ! En s'infiltrant sur les brisées des groupes de combat, à travers les fils barbelés, dans les taillis, dans les ravins, que de leçons à glaner ! que de gestes de bravoure à léguer au patrimoine d'honneur de ce beau régiment ! Et cette série si longue et si chargée de glorieux faits individuels prend d'autant plus de valeur qu'ils sont accomplis dans l'obscurité et le cloisonnement d'une forêt, et d'autant plus d'effet qu'ils obéissent à une directive unique et invisible !

Tout de suite, en quatre dures journées d'incessants combats, les 29 et 30 septembre, les 1er et 2 octobre, le régiment va donner sa mesure en exécutant une opération d'une extrême audace, d'un caractère très spécial.

Son raid vers la cote 176, au sud-est de Lançon, s'affirme comme un modèle dans une tactique où les Allemands avaient la prétention de garder la maîtrise : la tactique de l'infiltration. Aussi tenacement commandé que tenacement exécuté, il parvint à faire brèche dans une double position ennemie, et s il eût pu être appuyé (comme le commandement était en droit de l'attendre), il aurait, dès le 2 octobre, amené la rupture complète du système défensif et épargné aux assaillants les durs combats et les lourdes pertes des jours suivants. Malheureusement, à l'heure même de l'exploitation, un ordre de relève avait privé déjà la 1re D. C. P. de ses disponibilités.

Quelle situation le 9e Cuirassiers a-t-il donc trouvée, le 29 septembre au matin, en arrivant dans ce secteur nouveau pour lui et qui puisse le rendre si audacieux ? Depuis trois jours, nos attaques, combinées avec celles des Américains à droite, ont réussi à enlever les premières lignes ennemies et à s'y maintenir ; mais dissociées par les inextricables fourrés de l'Argonne et très sévèrement prises à partie par de nombreuses mitrailleuses, elles ne peuvent pas déboucher. Surtout à l'est de la route de Vienne-le-Château à Binarville, là où dans les ravins embroussaillés du bois de la Gruerie opère un bataillon noir du 368e R. I. U. S., les efforts semblent devenir décousus et les résultats en demeurent mal connus. C'est donc avant tout la liquidation d'une situation délicate qui est demandée au régiment. Avec le bataillon du capitaine de Lammerville ce sera bientôt fait ! La relève des éléments noirs américains est difficile dans ce terrain impraticable ? Pourquoi, alors, se mouler sur leur dispositif que la lutte a forcément rendu décousu ? Il vaut bien mieux procéder par un dépassement de leurs lignes, et le bataillon sera tout de suite en place, beaucoup plus en main et mieux orienté pour continuer ultérieurement sa progression vers le nord.

A cette conception claire du commandement, répond une manœuvre souple de la troupe, et dès 11 heures le 1er bataillon est installé dans les tranchées allemandes de Tirpitz, creusées dans le sud de la vallée Moreau, en plein bois de la Gruerie. Rapidement des détachements de liaison sont envoyés à la recherche des Américains à droite et du 11e Cuirassiers à gauche ; pendant ce temps, le bataillon Taillan vient, avec la même élasticité dans les mouvements de ses unités, occuper, en seconde ligne, les anciennes tranchées de surveillance d'où, pendant tant de mois douloureux, Français et Allemands se sont épiés par-dessus la chaussée de la route de Servon à Varenne-en-Argonne. Le P. C. du colonel est sur la route de Vienne-le-Château à la Harassée. Le régiment est en place et prêt à attaquer.

Il n'attendra pas longtemps. Vers 15 heures, l'ordre arrive de traverser la vallée Moreau et d'enlever sur la crête au nord les lignes allemandes du Dromadaire et la cote 182 sur la route de Binarville : ce sont ces objectifs, opiniâtrément gardés par des mitrailleurs, mais surtout défendus par les inimaginables difficultés du terrain, qui ont depuis deux jours arrêté la progression américaine ! Un seul procédé peut venir à bout de la ténacité des Allemands qui nous narguent du fond de leurs fourrés et du haut de leur falaise escarpée : c'est de les surprendre par une attaque brusquée, menée rondement, à la manière d'un coup de main. Mais pour cela il faut des hommes au cœur résolu, aux muscles solides et à la tête froide. Ces trois qualités du patrouilleur n'ont-elles pas été justement développées à un haut degré pendant tant de nuits dans le secteur du bois d'Hauzy ! C'est le moment de se payer en une fois, par un glorieux et fructueux succès, des fatigues d'un long et pénible apprentissage.

L'attaque de la tranchée du Dromadaire.

A 18 heures donc, le bataillon de Lammerville, par une action soudaine, part à l'attaque de ses objectifs. Certes, la progression est bien lente et les vagues d'assaut s'effilochent bien vite au passage d'un réseau de fil de fer ou à la traversée d'un fourré d'épines, mais n'en est-il pas plus beau encore, l'effort fourni par chacun de ces hommes qui seul, sans le stimulant du chef qui le guide ou du camarade qui le regarde, se trouve aux prises avec des difficultés de toutes sortes et en triomphe parce qu'au fond de son cœur il puise l'énergie morale plus forte que la fatigue de ses muscles et plus haute que l'instinct de sa conservation. Tous, dans la lumière finissante de cette soirée d'automne, s'acharnent à venir à bout de la rude mission confiée à leur honneur militaire. S'arrachant les vêtements et la peau aux ronces naturelles ou artificielles, l'œil aux aguets pour placer un coup de fusil ou lancer une grenade, se halant sur les pentes abruptes sous les rafales de mitrailleuses, les cuirassiers des compagnies Malle et Renaudin, sans se décourager, progressent vers la tranchée du Dromadaire. Déjà quelques-uns, mieux servis par les cheminements qu'ils ont trouvés devant eux, y sont installés avec le sous-lieutenant Aubiban, de la 1re compagnie, le sous-lieutenant Audigier et le maréchal des logis Brecque, de la 2e compagnie. Aussitôt, un mouvement de débordement commence pour encercler la cote 182; mais les Allemands, décontenancés par l'audace de cette menace, dominés par une volonté plus forte que la leur, après un commencement de résistance, se décident à mettre à profit la nuit qui tombe pour abandonner la lutte et laisser entre nos mains la crête convoitée sur laquelle, à partir de 20 heures, les compagnies Renaudin et Malle s'organisent, tandis que le capitaine de Lammerville installe son P. C. et sa compagnie de réserve dans les abris confortables du Moreau-Lager !

Cette action vivement menée vaut au 1er bataillon la citation suivante à l'ordre du régiment n° 300 :

« Le 29 septembre 1918, l'ennemi opposant depuis plusieurs jours, sur un front fortement occupé, une résistance opiniâtre aux efforts répétés des régiments de la division, le 1er bataillon, sous les ordres de son chef, le capitaine de Lammerville, envoyé sur un point de la zone d'attaque où la situation était devenue délicate, s'y établit rapidement dans une position solide, puis, impatient de reprendre la poursuite et pénétrant en fin de journée, par une opération audacieuse, dans la position de l'ennemi, a fait tomber une partie de ses défenses et assuré aux troupes d'assaut une base excellente pour l'offensive du lendemain. »

La prise de Binarville.

Maintenant que ce violent coup d'épaule a ouvert une brèche dans le système de défense de l'ennemi, il ne faut pas en rester là. D'autant plus que, de toutes parts, des indices de repli sont relevés. Donc, pendant que le sous-lieutenant Julien part, avec un petit détachement, sur la droite, assurer une liaison étroite avec la 77e D. I. U. S., le colonel prépare une attaque nouvelle en direction de Binarville.

A midi, le bataillon Taillan dépasse la position tenue par le bataillon de Lammerville et, se glissant dans les fourrés, gagne la lisière nord du bois de la Gruerie. Les compagnies Mourouzy à gauche et Cury à droite sont en première vague, suivies par la compagnie Rival. La marche sous bois est rendue très difficile, surtout à droite, où plusieurs nids de résistance arrêtent quelque temps la compagnie Cury ; néanmoins, malgré un violent barrage d'obus de gros calibre, les compagnies Mourouzy et Cury peuvent bientôt déboucher en terrain découvert et atteindre d'un bond le premier objectif jalonné par une ligne d'anciens abris d'artillerie, sur la légère crête courant à 300 mètres environ au sud de la lisière de Binarville. Le glacis, qui, au delà, tient encore le 3e bataillon éloigné du village, effraierait par sa nudité de moins braves, mais puisque toute progression directe est maintenant interdite par des nids de mitrailleuses multipliés en avant du village, n'existe-t-il pas un moyen d'atteindre néanmoins les ruines blanches que l'ennemi s'acharne à défendre? Si, il y en a un, et infaillible, quand il est bien exécuté : c'est la manœuvre classique : le débordement.

Rapidement, automatiquement presque, aussi calme que sur un terrain d'exercice, le bataillon Taillan va prouver à la fois sa souplesse manœuvrière et sa fraternelle cohésion.

Les sections d'attaque ne peuvent plus progresser, aussitôt elles se terrent et ouvrent un feu violent de F.-M. et de V.-B. qui oblige l'ennemi à ralentir le sien ; les sections de soutien du lieutenant Cury peuvent alors intervenir, et aussitôt, par une infiltration hardie, poussent des petits groupes de combat sur les flancs de l'ennemi. A droite, le maréchal des logis Rouziès, insouciant des balles, progresse avec sa demi-section ; tué d'une balle à la tête, il meurt au moment où l'ennemi inquiet commence à se replier. A gauche, la compagnie Mourouzy se heurte à une forte résistance dans le cimetière ; le jeu de débordement de sa propre section de soutien (sous-lieutenant Martin) n'a pas suffi à faire tomber cet important point d'appui : aussitôt, pendant que la section de l'adjudant Martineau vient donner plus de cohésion à la ligne, la section du sous-lieutenant Dollé, par une manœuvre hardie, va tenter de réduire cet îlot de résistance en le tournant.

L'attaque du sous-lieutenant Dollé, menée rondement, a tout le résultat qu'on en attendait. Les mitrailleurs ennemis, violemment pris à partie par les grenadiers du maréchal des logis Chauvin et les balles du F.-M. Puig, se réfugient dans une sape d'où ils ne sortiront plus que prisonniers, et le bataillon délivré de cette menace meurtrière reprend aussitôt sur tout son front sa marche en avant. A 17 heures, tout le village est entre ses mains, y compris plusieurs prisonniers et six mitrailleuses que l'ennemi a abandonnées dans sa retraite !

Aussitôt, le capitaine Taillan prend ses dispositions pour organiser sa conquête, et à 18 heures son bataillon tient une ligne solide d'avant-postes qui couvre Binarville depuis le bois de Plémont jusqu'à 500 mètres à l'est du village, où la section Dollé maintient une liaison difficile avec la 77e D. I. U. S. dont la situation reste aussi imprécise.

Les journées des 1er et 2 octobre.

Le régiment vient, en s'emparant des ruines organisées de Binarville et en s'installant dans le bois de Plémont, de prendre solidement pied dans « la zone de grand combat » de l'ennemi. Il s'agit maintenant de progresser.

Le commandement l'a bien compris. Toute la 1re D. C. P. étant maintenant sur la rive droite de l'Aisne, le groupement Durand est dissous et le régiment revient sous le commandement normal du général Destremau. Dans la nuit du 30 septembre au 1er octobre, le colonel, à son P. C. du Moreau Lager, reçoit l'ordre de poursuivre. C'est au 2e bataillon qui, depuis la veille, étaye solidement la progression du 3e, le tour de se mesurer avec l'ennemi ; c'est à lui qu'incombe la rude mission de faire céder la forte position sur laquelle l'ennemi s'est repris.

Des lisières du village et du bois, le plateau de Binarville s'élève en glacis implacable jusqu'à une haute couronne de bois, qui vers le nord et vers l'est encercle les escarpements du mouvement de terrain. Devant ce rideau d'arbres, court de l'ouest à l'est, magiquement camouflée, la puissante ligne de la Palette, de Charlevaux et de la Palette-Pavillon. Sous son feu, un tapis de gazon, sans un défilement, sans un angle mort, avec l'aggravation ironique d'un double réseau de barbelé.

A quelques centaines de mètres en arrière de cette première ligne, c'est le mystère de la forêt et de l'abrupt changement de pente, mais un mystère qui donne la certitude d'un angle mort inviolable à notre artillerie et d'abris pour de nombreuses réserves.

Enfin comme acteur du drame qui va se jouer, l'Allemagne a garni la position de ces troupes qu'elle réserve toujours à une « charnière », à un point vital de ses organisations défensives. Le régiment va se heurter à la 76e division de Landwehr, citée naguère par Ludendorff dans un de ses communiqués et comprenant notamment le fameux 252e, ce régiment dont aucun homme, à l'en croire, n'a jamais consenti à se rendre.

Nulle illusion n'est donc permise à l'assaillant sur la qualité de l'effort à donner. Mais au 9e Cuirassiers on a dit de progresser : le 9e Cuirassiers progressera.

Donc, le 1er octobre, de la masse sombre du bois de Plémont, à travers les brumes du lever du jour, se dégage une ligne mouvante : c'est le bataillon de Vaucresson qui dépasse les avant-postes du bataillon Taillan et se porte à l'attaque. Le bataillon de Lammerville va le suivre et s'échelonner sur sa droite.

L'ennemi est aux aguets ; sur la piste d'attaque, artillerie et minen posent leurs barrages, et sur les silhouettes encore imprécises de nos cuirassiers, les mitrailleuses font rage. Puis le jour se lève, les silhouettes deviennent de vivantes cibles. Sur un glacis de champ de tir le feu des mitrailleuses redouble. Il faut, pour se servir de son arme, s'incruster dans le sol, ne se déplacer qu'en rampant, sectionner les fils de fer sous des grêles de balles. On progresse lentement, mais on progresse. Vers midi, le capitaine Mithouard, avec son impétuosité habituelle, réussit à sauter dans une petite tranchée qui monte vers la Palette ; pendant six heures, avec une rare énergie et une admirable ténacité, il rampe et gagne du terrain sous un feu d'enfilade de mitrailleuses et un barrage intense d'obus de gros calibre. La poignée d'hommes de la 5e compagnie qui a réussi à s'infiltrer derrière lui, constitue une menace sérieuse pour l'ennemi, d'autant qu'il est appuyé de près par la compagnie Taillefesse, énergiquement accrochée le long de la route Autry-Binarville, et par la compagnie Agnus, qui garnit la corne nord-est du bois de Plémont.

Rageusement l'Allemand s'accroche à la ligne dominante de l'amphithéâtre dont Binarville est le centre ; il est servi en avant par des flanquements impeccables, en arrière par des contre-pentes rapides. Dans ce mur, ordre est donné par le général Destremau de faire brèche avec l'appui des régiments voisins. Pour déséquilibrer et encercler la défense ennemie, de violentes et rapides concentrations d'artillerie vont s'abattre sur les points sensibles.

A 17 h. 30, le bataillon de Vaucresson mène de nouveau l'attaque. En riposte, les mitrailleuses de flanquement entrent en jeu ; elles ne peuvent arrêter l'élan magnifique de la compagnie Taillefesse ni l'intrépide capitaine Mithouard.

De sa position avancée, où aucun agent de liaison n'a pu réussir à lui porter l'ordre d'attaque, ce dernier a compris que le moment était venu de se porter résolument en avant ; il se lève alors, et debout sur le glacis, entraînant les restes héroïques de sa vaillante 5e compagnie, il bondit malgré balles et obus jusqu'au réseau encore intact qui couvre la Palette. Résolument il s'y engage le premier, et tombe presque aussitôt, frappé de plusieurs balles. La mort de ce vaillant porte vite ses fruits ; électrisés, ses hommes bondissent dans la tranchée de la Palette qu'ils nettoient de ses occupants.

Pendant ce temps, sur la droite une mitrailleuse, installée en marge des bois, barre la route à la compagnie Taillefesse. La S. M. du maréchal des logis Fichet la prend aussitôt à partie et la réduit au silence.

D'un bond alors, les cuirassiers sont à la lisière du bois et déferlent dans le ravin de Bièvres. La formidable ligne de défense est percée.

Dévalant aussi la pente un peu plus à droite, la S. M. du maréchal des logis Pauly voit tout à coup, à ses pieds, la retraite éperdue d'un convoi. Nos mitrailleurs ne sont pas lents à jeter la panique et la débandade dans cette colonne qui cherche éperdument à traverser le ruisseau. Sur une telle cible, les pourvoyeurs, eux aussi, font leur « carton ». A la rage du crépitement des feux, répond la galopade affolée de chevaux et de fourgons ; la route qui du pont de Bièvres monte à la cote 176 se jonche de cadavres. Sur cette route même, les éléments avancés, sous la conduite du maréchal des logis Catois de la compagnie Taillefesse, viennent aussitôt s'emparer du champ de bataille.

La nuit tombe sur une journée doublement glorieuse pour le 2e bataillon, mais aussi sur une journée de rudes efforts et de douloureuses pertes ! Les débris de la 5e compagnie, groupés par l'adjudant Anthiaume, se joignent à la compagnie Agnus dans la tranchée de la Palette. Sur la gauche, l'offensive du régiment voisin n'a pu progresser et la liaison est solidement établie. Il n'en est pas de même à droite, où la situation du régiment américain reste imprécise. Pour se couvrir vers l'est, la compagnie Renaudin reçoit l'ordre de prolonger les sections Laurain et Colonna de la compagnie Legrand, qui elles-mêmes flanquent déjà la droite du 2e bataillon.

D'ailleurs ce sont là précautions presque superflues, car cette nuit, l'ennemi ne songe pas à attaquer ; il répare son moral et ses pertes.

Bien mieux, vers minuit, un ravitaillement, se trompant d'adresse, tombe innocemment dans nos avant-postes. La stupéfaction des convoyeurs *feldgrauen* n'a certes d'égal que l'enthousiasme de nos poilus. Tandis que les uns crient « camarade » les autres prélèvent fastueusement leur part sur la miraculeuse « distribution » ; fumant maintenant de gros cigares, les cuirassiers critiquent sans indulgence le « jus » de Germanie, qu'ils qualifient d'infusion d'orge, et font la moue à l'aigreur et à la noirceur du pain KK. Durant de longues heures encore, les ténèbres du ravin de Bièvres restent vibrantes de l'allégresse de nos avant-postes pour le bon tour joué à l'ennemi.

Un effort encore, et la cote 176 sera entre nos mains ! La cote 176, ce point vital de la défense de l'ennemi ; la crête qui commande ses lignes de retraites. Devant l'importance de cette conquête, en dépit des pertes et des fatigues précédentes, le colonel demande au 9e Cuirassiers ce nouvel effort. Le 2e bataillon va se porter à l'attaque de la cote 176, étayé à droite par les compagnies Legrand et Renaudin, du 1er bataillon ; à gauche, par la compagnie Rival, du 3e bataillon. Les régiments voisins doivent appuyer cette audacieuse ruée et exploiter son succès. Le 2 octobre, donc, à la pointe du jour, le ruisseau de Bièvres est franchi sur des passages de fortune et l'escalade du plateau commence, scandée par le crépitement des mitrailleuses. Dès 8 heures, la première ligne de la compagnie Taillefesse est aux prises sur le bord supérieur du plateau. Pour se placer à sa gauche et à sa hauteur, la compagnie Agnus, avant le jour, quitte la tranchée de la Palette et dévale à travers taillis. Le sous-lieutenant Evrard marche à l'avant-garde. Soudain devant lui se dressent deux Allemands ; d'un bond, le sous-lieutenant Evrard et le cavalier Roufaste sont sur eux et les font prisonniers.

Avec la 6e compagnie, chemine la S. M. du maréchal des logis Fichet ; elle se heurte à un groupe important d'ennemis. Au capitaine Labouche, qui leur ordonne de se rendre, ils refusent. Le brigadier Island aussitôt commande le feu de sa mitrailleuse, et le tireur Dupont fait de la bonne besogne : le groupe récalcitrant est par terre ou en débandade. Le ruisseau est bientôt traversé, et cette compagnie également commence l'escalade du plateau. A peine émergée des bas-fonds, elle est prise à revers par un tir de mitrailleuses qui part des baraques à contre-pente sur la rive gauche. La S. M. Fichet, malgré des pertes sévères, le contre-bat furieusement et efficacement.

Plus haut, il va falloir traverser la route de Lançon sous le feu même des fortins du plateau. Résolument le sous-lieutenant Evrard saute le pas, entraîne dans un beau style sa section à l'attaque et tombe glorieusement côte à côte avec le cavalier Baratton, foudroyés par la mitraille, à 20 mètres à peine de la tranchée ennemie. De la section il ne reste plus que neuf hommes, mais ces neuf hommes s'accrochent à la lisière du bois, organisent des flanquements et balayent sans merci tous les mouvements ennemis sur le plateau ; ils vengent généreusement leurs morts !

A quelques pas de cette héroïque phalange, un nid de mitrailleuses est enlevé à la baïonnette par une escouade de F.-M., commandée par le cavalier Tichoux.

Un peu plus loin le sous-lieutenant d'Anchald dirige efficacement le feu de sa section de mitrailleuses, malgré un violent bombardement. Les deux jambes brisées par un éclat d'obus, il meurt pendant son évacuation, ayant forcé l'admiration de tous ceux qui l'approchèrent alors, y compris les nombreux prisonniers allemands qui refluaient vers l'arrière et qui, au passage du brancard douloureux, se découvraient et se tenaient rigides, dans une attitude parfaitement respectueuse, surpris de tant d'énergie et d'une si belle foi chrétienne chez un officier français.

— 16 —

Tous ces efforts héroïques seront d'ailleurs consacrés quelques jours plus tard dans un ordre du jour au régiment dans lequel le colonel donne la 7e compagnie en exemple.

« Troupe d'élite, dit cet ordre, solide dans la défense, hardie dans l'attaque. Le 1er octobre 1918, sous le commandement de son chef, le lieutenant Taillefesse, s'empare, après trois tentatives, d'une tranchée allemande, capturant trente prisonniers et des mitrailleuses ; se jette sous bois, traverse un ruisseau fortement défendu et sème la panique jusque dans les convois ennemis.

« Le 2 octobre, elle poursuit son raid, le pousse jusqu'à 1.000 mètres en profondeur, attaque une hauteur, y capture encore des prisonniers et du matériel. »

Pendant ce temps, dans les bois au nord de la tranchée de Charlevaux, les compagnies Legrand et Renaudin enlèvent plusieurs nids de résistance et y capturent de haute lutte de nombreuses mitrailleuses. A gauche, la compagnie Rival s'acquitte avec la même ardeur de sa mission ; elle réduit, au nord de la tranchée de la Palette, un fortin où le sous-lieutenant Poulain cueille, après un vif combat, vingt-neuf prisonniers avec leurs mitrailleuses ; puis, un abri de minenwerfer d'où le sous-lieutenant Hubert extirpe à la baïonnette vingt-cinq servants ahuris.

A midi toute la couronne de bois autour de la cote 176 est à nous. Le colonel insiste auprès du commandement pour qu'il lui donne les moyens de développer son attaque. Il sent qu'à cette heure l'entrée en ligne de toute troupe fraîche ferait tomber la position, comme un fruit mûr entre nos mains.

Malheureusement, sur un ordre de relève, le 4e Cuirassiers est parti vers l'arrière et, à gauche, le 11e Cuirassiers s'est heurté à des résistances qu'il n'a pu encore surmonter. Les disponibilités manquent donc. La minute éphémère de l'exploitation nous échappe.

Cette minute, hélas ! va être mise à profit par l'ennemi. Déjà celui-ci prépare sa contre-attaque ; ses troupes se massent dans le ravin de la Waterne et au sud de l'Etang de Bièvres ; de ces deux points elles vont chercher à encercler le saillant que fait notre ligne. La position du bataillon de Vaucresson devient critique : il a un ruisseau à dos et, sur ses flancs, les taillis rendent inefficaces tout flanquement et tout barrage. Il n'y a qu'un parti à prendre : refluer sur la rive gauche du ruisseau de Bièvres et y organiser une solide ligne de défense. Ce repli s'exécute, en bon ordre, protégé par le tir efficace de la mitrailleuse de l'adroit tireur Libert, servi par son inséparable chargeur Brunet.

Mais la poussée de l'ennemi continue et son dessein se précise ; son infiltration tente de déborder nos ailes et les menace même d'encerclement. Les compagnies Legrand, Renaudin et Rival, qui ont si bien besogné pour assurer les flancs de l'attaque du 2e bataillon, s'efforcent, en ce moment critique, de garantir son repli. Le sous-lieutenant Bertret apporte l'appui précieux de son peloton de mitrailleurs, mais devant l'amplitude du mouvement ennemi, alimenté par des réserves-abondantes et fraîches, ces gardes-flancs auraient besoin eux-mêmes d'être étayés par des troupes nouvelles.

Pour parer au danger, le colonel donne l'ordre au régiment de reprendre ses positions de départ. Mais dans ce terrain les liaisons sont hasardeuses et longues ; plusieurs sections, comme celle du sous-lieutenant Laurain, qui s'acharne au pont des Hacquets, tout à l'ardeur de la lutte, ne sont prévenues que tardivement de l'ordre de repli et ne doivent qu'à leur énergie de briser à la baïonnette les tentacules qui s'apprêtaient à se refermer sur elles.

Seule, la compagnie Rival trouve sa piste de retraite barrée par des fils de fer et garnie par des mitrailleuses allemandes. Toutes les autres unités parviennent à se décrocher sans dommage de cette position difficile. Même, en arrière-garde de ce repli méthodique, le brancardier Capron, légendaire au régiment pour ses actes innombrables de dévouement, rentre dans les lignes sur un char que traîne paisiblement un cheval dérobé à l'ennemi et sur lequel il a charitablement hissé plusieurs de ses camarades blessés.

Pendant que les bataillons de Vaucresson et de Lammerville se décrochent ainsi, le bataillon Taillan est placé sur ses anciennes positions d'avant-postes au nord de Binarville. Le moment est angoissant, car l'ennemi, enhardi par le repli du régiment, ne va sans doute pas s'arrêter sur les hauteurs, mais pousser jusqu'à ses anciennes lignes de Binarville. Il faut savoir ses intentions, d'autant plus que les liaisons, à gauche comme à droite, sont bien précaires.

A qui confier cette délicate reconnaissance ? L'officier pionnier est disponible, à portée immédiate du colonel ; pour éviter une perte de temps qui pourrait être néfaste, il partira donc tout de suite ; voilà le sous-lieutenant Fontaine et l'adjudant chef Hanon lancés en pleine nuit dans les profondeurs obscures du bois de Plémont. Ils poussent audacieusement jusque dans la région de la tranchée de la Palette, lorsque soudain des ombres se meuvent à la lisière des bois. Serait-ce la compagnie Rival ou quelque troupe attardée du 2ᵉ bataillon ?... Mais non : du groupe une voix de commandement s'élève et donne des ordres en allemand. Presque aussitôt les deux intrépides patrouilleurs sont frôlés par une corvée apportant « le jus ». Plus d'erreur possible, ils se sont fourvoyés en pleines lignes ennemies. Avec le jour qui va paraître et une chicane éloignée qu'il faut retrouver pour traverser de nouveau l'épais réseau de fil barbelé, la situation est terriblement critique. Il faut avant tout ne pas détruire l'illusion des Allemands qui les prennent pour deux des leurs. Sans se donner le mot, chacun de son côté, Fontaine comme Hanon, les mains dans les poches, l'air nonchalant et flaneur, s'avancent paresseusement vers la chicane tant désirée. Paresseusement aussi la chicane est traversée, ainsi que le glacis qui s'étend jusqu'à la route Autry-Binarville. Mais là, le terrain change de pente ; d'un bond, les deux compères ont sauté dans l'angle mort : maintenant la fusillade crépite, les Allemands s'étant aperçus qu'ils étaient joués ; mais nos deux hardis patrouilleurs sont à l'abri dans le bois de Plémont, et quelques instants après ils précisent au colonel l'organisation défensive de l'ennemi qu'ils ont minutieusement repérée.

Le 3 octobre, un ordre place le régiment en réserve de division. Après relève par le 4ᵉ Cuirassiers, sur leurs emplacements de Binarville, les bataillons se rendent dans la nuit du 3 au 4 aux anciens abris allemands de la vallée Moreau et de la côte 140.

Les journées des 7, 8 et 9 octobre.

Là, pendant trois jours, les hommes vont pouvoir goûter un repos relatif, mais le 3 octobre l'armée Gouraud a remporté en Champagne un nouveau succès qui lui a permis de progresser. Le 38 C. A., qui a toujours la mission d'assurer la sûreté de son flanc droit, prépare en conséquence la reprise du mouvement en avant. La D. C. P. doit y participer sur le front Autry-Binarville.

Dans la nuit du 6 au 7, le 9ᵉ se porte dans la région de Binarville. Sa mission est de couvrir le flanc droit de l'attaque du 4ᵉ Cuirassiers sur les organisations allemandes au nord du village et d'assurer la liaison avec la 77ᵉ D. I. U. S. à droite.

Le 2ᵉ bataillon est maintenant commandé par le capitaine Labouche, qui a remplacé le commandant de Vaucresson, promu lieutenant-colonel et passé au 8ᵉ Cuirassiers à pied. A ces compagnies déjà si rudement éprouvées revient encore une place d'honneur en 1ʳᵉ ligne, à la droite du 4ᵉ Cuirassiers. Plus à l'est vient se placer, également en première ligne, le bataillon de Lammerville, en liaison avec les Américains. Quant au bataillon Taillan, il reste à la ferme de la Moinerie, en réserve de division.

A l'heure H : 5 h. 45, les deux bataillons d'attaque se portent sur leurs objectifs ; les tranchées allemandes de la Palette-Pavillon. A la faveur du brouillard, la progression peut se faire d'abord assez favorablement. Les unités de tête, avec leur élan habituel, poussent de l'avant, mais bientôt, éventées par des mitrailleurs à l'affut, elles sont forcées de s'arrêter. Nulle part la ligne ennemie n'a pu être abordée, et cependant, sous les rafales meurtrières et denses, les exploits les plus téméraires s'accomplissent. C'est ainsi que l'on voit, au 2ᵉ bataillon, le maréchal des logis Gabiot, de la 7ᵉ compagnie, ramper avec le F.-M. Mony et le grenadier Moreau jusqu'à 30 mètres d'une mitrailleuse ennemie servie par cinq Allemands, et tomber tous les trois grièvement blessés au moment où, dans un élan fou, ils vont sauter dans la tranchée ennemie. Ou encore, au 1ᵉʳ bataillon, le lieutenant Braut, commandant la 2ᵉ compagnie, trouver une mort glorieuse en première vague, alors qu'avec son sang-froid et sa clairvoyance habituels, il dictait un compte rendu détaillé de la situation à l'adresse de son chef de bataillon. Mal dissimulé par une petite levée de terre, il tombe foudroyé d'une balle à la tête, pêle-mêle avec les braves que son exemple avait maintenus à ses côtés : le brigadier Bonnefond et ses agents de liaison.

Presque en même temps, le sous-lieutenant Malle et le maréchal des logis Macadré tombent l'un et l'autre, frappés mortellement à la tête de leur section, en essayant de progresser quand même, pour déborder la position dominante de la Palette-Pavillon. Quelques minutes après, les sous-lieutenants Paumier et Pradal ne tardent pas à être mis hors de combat eux aussi.

Devant ces pertes sévères, et le bataillon de droite du 4ᵉ Cuirassiers étant lui-même arrêté, vers

8 heures, le colonel donne l'ordre de suspendre le mouvement et même de retirer les éléments trop engagés pour s'établir dans une situation plus favorable.

A 9 heures, le bataillon de Lammerville est installé au nord de la route de Binarville au moulin de l'Homme-Mort qui lui a servi de base de départ ; mais à sa gauche le bataillon Labouche ne peut se conformer au mouvement prescrit : il se maintient sous la protection d'un faible talus, le long du chemin orienté vers l'est et partant des dernières maisons au nord de Binarville. Tout mouvement, même d'isolés, ne peut se faire sur ce glacis implacablement balayé ; les efforts tentés pour relever les blessés et les morts sont entravés par l'ennemi, qui tire impitoyablement jusque sur les équipes de brancardiers.

C'est dans cette situation tragique que se passe la journée du 7. Toutefois, à droite, le 308e R. I. U. S. déborde peu à peu sur la zone d'action du 1er bataillon et le force, pour éviter de nouvelles pertes, à s'échelonner en profondeur. A la nuit le 2e bataillon prendra le même dispositif.

Vers 21 h. 30, deux déserteurs du 252e allemand se rendent à nos avant-postes et déclarent que leurs compagnies se sont repliées, ne laissant en ligne qu'une seule mitrailleuse légère par compagnie. En même temps le colonel est avisé que les Américains se sont portés en avant à la tombée de la nuit et ont délivré les débris de six de leurs compagnies encerclées depuis quatre jours près du moulin de Charlevaux. Il y a là une situation peu claire, dont il y a lieu peut-être de profiter. Ordre est donc donné aux 1er et 2e bataillons de diriger chacun au petit jour une reconnaissance offensive sur la tranchée de la Palette-Pavillon.

A la gauche du régiment, les patrouilleurs du sous-lieutenant Yvernel, de la 6e compagnie, se heurtent, vers 2 heures du matin, aux mitrailleuses ennemies toujours aussi vigilantes ; mais au contraire, à droite, la reconnaissance de l'adjudant Colonna, du 1er bataillon, progresse sans être inquiétée et peut même sauter dans la partie sud de la tranchée de la Palette Pavillon, où elle se maintient. Sur ce renseignement important, le bataillon de Lammerville reçoit l'ordre de se porter en avant, et au petit jour, le 8 octobre, par infiltration, il occupe toute la tranchée de la Palette-Pavillon, son objectif de la veille que l'ennemi, s'avouant vaincu devant son énergique et constante pression, vient d'évacuer.

Vers 10 heures, se liant à ce mouvement, le bataillon Labouche atteint, lui aussi, cette même tranchée plus à l'ouest.

A midi, comme les Américains reprennent leur marche en avant vers le ravin de Bièvres, un ordre du général Destremau prescrit au 4e Cuirassiers de s'emparer des tranchées de Charlevaux et de la Palette. L'attaque échoue sur ce terrible glacis, devant l'intensité des feux de mitrailleuses, comme avait échoué, le 1er octobre, l'attaque du 2e bataillon.

Mais, cette fois, les conditions sont changées : le flanquement dominant de la Palette-Pavillon est en notre possession, et déjà, vers le moulin de Charlevaux, les Américains menacent les mouvements ennemis dans le ravin de Bièvres. Puisque l'attaque frontale du 4e Cuirassiers se heurte à une résistance encore trop solide, une manœuvre d'aile du 9e Cuirassiers lui viendra en aide.

Le bataillon Labouche, ayant une base solide dans les bois de la Palette-Pavillon, va foncer vers le nord-est, traverser, en le nettoyant, le ravin de Bièvres et faire tomber, en la tournant, la défense de la tranchée de Charlevaux. Cette ruée audacieuse à travers les broussailles de ce versant abrupt sera d'ailleurs appuyée et facilitée par un mouvement encore plus excentrique du bataillon de Lammerville qui contournera par la rive nord-est l'étang de Poligny, en articulant ses compagnies de façon à maintenir la liaison avec les éléments américains.

Ces mouvements sont aussitôt amorcés. La nuit tombe au moment où, à la gauche du 3e bataillon, la compagnie Agnus qui, sous le couvert des bois, s'est avancée à proximité de la tranchée de Charlevaux, s'en empare par un coup d'audace remarquablement conçu et exécuté. Pendant que les sections Yvernel et Pignol progressent encore d'une centaine de mètres et neutralisent par leurs V.-B. et leurs F.-M. les mitrailleuses allemandes, la section Fardoit organise le terrain conquis. Grâce à cette brillante opération, menée avec tout leur cœur par les cuirassiers du lieutenant Agnus, sur ce terrain où, déjà, le 1er octobre, ils ont si cruellement souffert, les sections avancées du 4e Cuirassiers profitent de la possibilité qui leur est donnée de se porter en avant et viennent, dans la nuit, relever la compagnie Agnus dans la tranchée de Charlevaux.

Le 9 octobre, dès le petit jour, le mouvement débordant reprend par l'est, mené vigoureusement par le bataillon de Lammerville, conservant à travers fourrés, marécages et ravins, une liaison constante avec les Américains ; le 1er bataillon contourne rapidement l'étang de Poligny et arrive bientôt sur la coupure de la Walerne.

De son côté, le bataillon Labouche, aidé par ce mouvement débordant, reprend sa progression. Successivement, il dépasse les abris du Mudra-Lager, puis le ravin de Bièvres ; enfin ses patrouilles prennent pied sur le plateau de la cote 176. A 11 heures 30, les éléments de tête s'arrêtent au chemin de faîte dominant le profond ravin du ruisseau de Lançon.

La manœuvre débordante des deux bataillons a pleinement réussi. Sur tout le front d'attaque, l'ennemi se montre de moins en moins ardent. En conséquence, ordre est donné au 9e Cuirassiers de se laisser dépasser par le 4e qui continue sa marche vers le bois de la Taille, prenant à son compte la liaison avec les Américains.

A la nuit, le P. C. du colonel et le 2e bataillon se portent aux abris allemands du ravin de Lançon (Baldringer-Lager), tandis que le 1er bataillon occupe, plus à l'ouest, les abris du moulin de Lançon. Le régiment y stationne, en réserve de division.

Les opérations du 3e bataillon, les 8 et 9 octobre.

Pendant qu'au nord de Binarville, les 1er et 2e bataillons faisaient, au prix de rudes et douloureux efforts, sentir si utilement leur action dans la bataille, que faisait donc le 3e bataillon ?

Placé, dans la nuit du 6 au 7 octobre, à la ferme de la Moinerie, il y reste toute la journée du 7, en réserve de division. Dans la nuit du 7 au 8, il reçoit à son tour une mission délicate.

Mis à la disposition du colonel commandant le 11e Cuirassiers dans la région de Condé-les-Autry, le capitaine Taillan reçoit l'ordre de faire tomber les organisations ennemies qui sur la cote 166 défendent les approches sud-ouest de Lançon par la vallée de l'Aisne. Le 3e bataillon vient, dans les ténèbres, se mettre en position d'attaque : la droite sur le plateau appuyée à des carrières où se sont déjà accrochés quelques cuirassiers du 11e, la gauche sur la route Autry-Binarville.

A 6 heures, après une courte préparation d'artillerie, les trois compagnies du bataillon Taillan partent à la conquête de leur objectif. Au centre, la 9e compagnie, enlevée par le sous-lieutenant Lelièvre, s'élance droit au nord, franchit des fils de fer mal détruits, mais atteint néanmoins, dès 6 heures 20, son objectif ; le vaillant maréchal des logis Perriot tombe sur la position conquise en achevant de la nettoyer de ses derniers défenseurs.

En même temps, à droite, la 10e compagnie se porte à l'attaque face à l'est, appuyée par le feu des unités du 11e Cuirassiers occupant les carrières. Le lieutenant Cury réussit pleinement lui aussi, et même la section du sous-lieutenant de Saint-Pol s'empare audacieusement d'un abri où elle capture deux minen et de nombreux servants.

Enfin, à la gauche, la 11e compagnie, énergiquement conduite par le sous-lieutenant Dollé, attaque face à l'ouest, pour couper la ligne de retraite ennemie entre Autry et Lançon. Malgré de terribles rafales de mitrailleuses, les groupes de combat du sous-lieutenant Martin progressent et se font de plus en plus menaçants. Toutefois la gauche de la compagnie est paralysée par l'action meurtrière d'un blockaus de mitrailleurs allemands. Le brigadier Battlo ne se laisse pas intimider, il utilise judicieusement les quelques braves qui restent encore à son escouade. Pendant qu'un feu nourri de V.-B. aveugle les créneaux, il se glisse lui-même sur le flanc du centre de résistance et, donnant au moment opportun le plus bel exemple de courage et d'abnégation, il entraîne brillamment sa poignée de grenadiers. Cette rapide opération locale est d'ailleurs fructueuse, puisque le vaillant brigadier a la satisfaction de faire lever les bras à 30 prisonniers, dont un commandant de compagnie, et que, d'autre part, en muselant les terribles mitrailleuses, il a retiré à l'ennemi un de ses principaux points d'appui. Ses camarades en profitent aussitôt et achèvent rapidement de nettoyer toute la région jusqu'à la rivière. Le sous-lieutenant Martin tombe grièvement atteint de deux balles en accomplissant cette mission.

Quoi qu'il en soit, à 7 heures, tous les objectifs assignés au bataillon Taillan sont atteints, et la liaison est même établie dans Autry avec 71e D. I., opérant sur la rive gauche de l'Aisne. Le terrain est conquis, il faut le conserver ! C'est l'effort le plus dur, car la cote 166 domine toute la vallée jusqu'à Lançon, et l'ennemi, pour garder ce village, essayera nécessairement de reprendre cette crête essentielle. Aussi en toute hâte le capitaine Taillan organise-t-il sa défense. Les S. M. du lieutenant Pernel sont poussées en avant et s'assurent de magnifiques champs de tir. Une réserve est constituée vers le Paquis à contre-pente avec tous les éléments de la 11e compagnie qui ne sont pas nécessaires à la surveillance de la vallée de l'Aisne. En même temps, les 9e et 10e compagnies s'accrochent au terrain face à l'est et s'organisent en profondeur.

Dès 7 heures 30, après un très violent bombardement de quelques minutes, une contre-attaque ennemie se déclenche. Elle est brisée par nos feux. Les Allemands cherchent alors à s'infiltrer à la soudure du bataillon avec les éléments du 11e Cuirassiers. La menace devient inquiétante, la section du sous-lieutenant de Saint-Pol y pare d'abord ; mais il est bientôt lui-même sur le point d'être coupé du reste de la 10e compagnie. Le maréchal des logis Darnaud s'offre pour assurer la liaison, il fait quelques pas et tombe mortellement blessé par une rafale de mitrailleuses. Le brigadier Boidin se lève pour tâcher de situer les nids de mitrailleuses : une balle l'atteint à la tête. Bravement il se relève et, plus ardent encore, il reprend sa dangereuse observation. Cette fois, il retombe foudroyé d'une balle en plein front. Toutefois le maréchal des logis d'Auvergne a pu situer un groupe de combat ennemi ; pour le combattre, il place lui-même son équipe de F.-M. et, debout, lui indique son champ de tir ; à son tour, il roule mortellement touché. Mais tant d'efforts sublimes ne devaient pas rester vains, car le capitaine Taillan a eu le temps d'envoyer les renforts nécessaires au maintien de la ligne et la 2e tentative ennemie est à son tour enrayée.

Toutefois, la situation reste critique, car les munitions vont manquer, tant mitrailleuses et F.-M. ont eu d'objectifs à battre. Comment effectuer ce ravitaillement urgent, alors que les effectifs sont déjà si réduits pour garder le terrain conquis ? Heureusement le maréchal des logis artificier Ducollet ne se laisse pas embarrasser par les difficultés de sa tâche, et, groupant sous son énergique commandement toutes les bonnes volontés, il réussit à alimenter copieusement la première ligne en cartouches et en grenades ! Grâce à cette providentielle « corvée », au cours de laquelle rivalisent d'endurance et de courage tous les « embusqués » du champ de bataille, coureurs, téléphonistes, blessés légers, intoxiqués, etc., l'héroïque intrépidité des cuirassiers peut venir à bout d'une 3e, puis d'une 4e contre-attaque allemande. A la nuit, comprenant que cette importante position est décidément perdue sans espoir, l'ennemi renonce à ses meurtrières tentatives et ne réagit plus que par son artillerie. Ses obus toxiques ne peuvent pas venir davantage à bout de la ténacité de gens qui, comme le maréchal des logis Felloneau, garde depuis le matin avec ses quatre braves : Maillard, Rose, Pelois et Lafourcade, la passerelle d'Autry. Tous cinq, gravement intoxiqués, restent à leur poste sans jamais faiblir et ne s'en vont que le lendemain, une fois relevés. Le lieutenant Cury et le sous-lieutenant de Saint-Pol sont eux aussi intoxiqués ; le sous-lieutenant Chauvaud, de la 9e compagnie, remplace au pied levé le lieutenant Cury au commandement de la 10e compagnie, qui reste stoïque sous le bombardement.

Malgré ce rude effort aboutissant à un si beau succès, la mission du 3e bataillon n'est pas terminée. Dès le soir du 8, le commandement lui demande de compléter son œuvre en enlevant la scierie et le moulin de Bièvres.

Immédiatement le maréchal des logis Huet est envoyé avec les restes de sa demi-section reconnaître la position à enlever. A la faveur de l'obscurité, cette poignée d'intrépides patrouilleurs se glisse le long de la route d'Autry à Lançon et réussit à atteindre les abords de la scierie. Pour exécuter minutieusement sa délicate mission, le maréchal des logis Huet, seul avec un grenadier, s'avance encore plus près, mais le bruit le trahit et l'ennemi ouvre un feu terrible de mitrailleuses et même de minenwerfer. Ainsi se dévoilent tous les nids de résistance qu'avec un sang-froid imperturbable, Huet repère de façon précise. La mission est admirablement remplie, il rentre avec tout son monde et vient aussitôt apporter au capitaine Taillan les renseignements les plus nets en vue de l'attaque du lendemain matin.

Avant le lever du jour, un groupe de combat se glisse le long de l'Aisne, prenant la position ennemie à revers sur le plateau, pendant que les mitrailleuses du capitaines de Chanterac viennent fortement étayer la droite de la ligne ; la masse de la 9e compagnie, appuyée par des éléments de la 10e, commence à descendre les pentes en direction de la scierie de Bièvres. Menée avec beaucoup d'entrain, à la faveur d'une brume propice, l'opération réussit pleinement. Attaqué à la grenade à la fois par l'est et par l'ouest, l'ennemi se replie précipitamment dans la direction de Lançon, laissant entre nos mains de nombreux prisonniers et un important matériel. La compagnie Lelièvre commence aussitôt la poursuite ; mais le bataillon reçoit l'ordre d'arrêter son mouvement et de se laisser dépasser par un bataillon du 11e Cuirassiers qui s'empare peu après de Lançon.

Le général Destremau reconnaît d'ailleurs toute la valeur de l'effort fourni par le bataillon Tail-

lan au cours de ces deux journées en lui accordant la citation suivante à l'ordre n° 13 de l'infanterie divisionnaire :

« Commandé par le capitaine Taillan et mis à la disposition du général commandant l'I. D.
pour l'enlèvement d'une position puissamment organisée, s'est porté à l'attaque, le 8 octobre 1918,
avec une bravoure et un élan qui ont eu raison de la résistance acharnée de l'adversaire et ont
amené les plus brillants résultats.

« Le lendemain 9 octobre, a exécuté une opération de surprise avec une adresse et avec une
audace qui lui ont valu un plein succès.

« A capturé au cours de ces combats : 107 prisonniers, 21 mitrailleuses et un important matériel. »

En définitive, quand le 9 octobre, à la tombée de la nuit, le régiment se trouve rassemblé en
réserve de division dans les abris de la région sud de Lançon, chacun peut être fier de l'appoint
qu'il a apporté dans la lutte. Que ce soit le 1er bataillon à la Palette-Pavillon et à l'étang de Poligny,
ou le 2e bataillon à la tranchée de Charlevaux et à la cote 176, ou le 3e à la cote 166 et à la scierie
de Bièvres, partout le régiment a pris une part glorieuse à l'enlèvement des points vitaux de la défense de la position de Lançon, et cette position enlevée, c'est l'important défilé de Grandpré mis
à notre portée immédiate !

Le lendemain 10 octobre, la division tout entière est relevée par les Américains qui se sou-
dent directement à la 77e D. I. Le régiment retourne au repos dans la région de la vallée Moreau
et de Servon, témoins, quelques jours avant, de combats si acharnés. La première pensée du colonel est pour remercier ses braves cuirassiers de leur ardeur et de leur ténacité, et l'ordre du jour
n° 303 se termine par ces chiffres plus éloquents que bien des phrases :

« Vos prises, au cours de ces quinze jours de lutte, comprennent :

« 250 prisonniers, dont 2 officiers :
« 35 mitrailleuses ;
« 3 fusils contre-tanks ;
« 2 canons de campagne ;
« 4 minenwerfer ;
« Plus de 60 caisses de munitions ;
« Un matériel du génie considérable.

« Votre tâche était rude. Vous l'avez remplie courageusement, de toutes vos forces, avec tout
votre cœur.

« Votre œuvre est belle et vous pouvez en être fiers ! »

Mais si les vivants ont le droit de s'enorgueillir de leur glorieuse moisson de trophées, personne n'oublie les camarades tombés en route et dont l'exemple héroïque a soutenu les cœurs contre
toutes les défaillances. Le 11, une cérémonie religieuse, au cours de laquelle le général Brecard
prononce quelques paroles d'adieux émus à ses soldats morts pour la France, réunit au cimetière
militaire de la Mare-aux-Bœufs tous les survivants de ces luttes presque surhumaines qui, après
les avoir vengés, viennent, recueillis et graves, prier sur la tombe de leurs camarades.

Enfin, le 12, le régiment va stationner à Braux-Sainte-Cohiere et Dampierre-sur-Auve ; mais
chacun se tient prêt à affronter de nouveaux combats. C'est, en effet, le moment où l'Allemagne,
ébranlée par les rudes chocs que lui portent sans répit les armées alliées, tente de se dérober à
l'étreinte militaire par la subtilité diplomatique, et tout le monde, au 9e, pense, comme le général
Brecard, que nous sommes arrivés à l'heure la plus grave de toute la guerre, celle où l'Allemagne
vaincue essaie d'un subterfuge pour obtenir le répit sans lequel elle est irrémédiablement perdue.
Ce répit, elle ne l'aura pas ! Nous sommes maintenant sur la route de la victoire : nous ne nous
arrêterons plus ; il n'y a pas un Français qui consentirait à s'arrêter ! (Ordre général de la
1re D. C. P. n° 24).

C'est au milieu de ce repos anxieux, qu'arrive pour le régiment, le 15 octobre, l'ordre de se
mettre en route vers le nord pour rentrer dans la bataille.

La forêt d'Argonne (16 octobre-3 novembre.)

Quelle situation va-t-il trouver ? Les attaques de la IVe armée française à l'ouest et de la Ire armée américaine à l'est ont continué sans arrêt et, à gauche comme à droite, menacent de plus en plus les défenses ennemies de l'Argonne. Toutefois, rejeté au delà du défilé de Grandpré, l'ennemi s'est ressaisi sur une solide position qui court sur la crête boisée au nord de Termes, et de là, copieusement pourvu de mitrailleuses, presque insaisissable sous le couvert des bois, il nargue nos tentatives de progression.

Le 17, le régiment relève le 217e R. I. de la 71e D. I. Il est en réserve de division, le P. C. du colonel à Termes, les bataillons dans les ravins au nord et à l'ouest de cette localité.

Le 18, dès 6 heures du matin, le 4e et le 11e Cuirassier attaquent la croupe boisée au nord de Beaurepaire, en liaison à gauche avec la division marocaine qui opère dans la région d'Olizy. Le bataillon Taillan est poussé en soutien jusqu'à la ferme de la Bergerie. L'opération est prématurée ; l'artillerie, rendue aveugle par les grands bois d'Argonne, situe mal les nids de résistance, et l'infanterie se heurte à un grand nombre de mitrailleuses qui entre-croisent leurs feux sournois et meurtriers.

Le lendemain 19 octobre, à 10 h. 30, le 4e Cuirassiers, soutenu cette fois par le bataillon de Lammerville, tente de se porter de nouveau en avant pour profiter des progrès qu'à grand'peine a réalisés la division marocaine dans le secteur d'Olizy ; mais les pertes subies et les difficultés inouïes du terrain arrêtent presque au début cette nouvelle tentative.

Il est maintenant évident que malgré ce qui se passe en Champagne et sur la rive gauche de la Meuse, l'Allemand ne pense pas à se replier en Argonne.

Les journées du 20 et du 21 se passent, sous un déluge d'obus toxiques, à préparer une nouvelle attaque ! Elle se déclenche dans la matinée du 22. Magistralement conduite et fortement appuyée, la progression des Marocains se fait sans éprouver une trop forte résistance dans le secteur d'Olizy.

Aux premières nouvelles de cette avance heureuse, ordre est donné au régiment de l'appuyer et de la prolonger vers l'est, en dépassant la ligne tenue par le 4e Cuirassiers. A gauche, le bataillon Labouche franchit le ruisseau de Beaurepaire, relève des éléments du régiment de droite de la division coloniale (le fameux R. I. C. M.) et réussit à s'installer sur les pentes de la croupe ouest de Beaurepaire. Mais, à droite, le bataillon Taillan, qui a pour objectif la cote 222, est arrêté par la violence des feux dès son entrée en ligne. L'attaque est à reprendre complètement.

Ce sera la mission donnée par le 38e C. A. à la 1re D. C. P. pour la journée du 23. Les trois régiments y participeront. Tandis qu'à droite le 4e Cuirassiers débordera le saillant 222 par l'est et qu'au centre le 11e Cuirassiers progressera en liant son mouvement à celui du 4e Cuirassiers à gauche, le 9e attaquera par l'ouest du moulin, en direction du nord-est. A 10 h. 30, l'attaque se déclenche, menée par le bataillon Labouche, le bataillon de Lamerville en soutien.

Les mitrailleuses tirent sans arrêt, rendant des plus pénibles la progression. Toutefois, la magnifique 6e compagnie du lieutenant Agnus se lance hardiment à travers les taillis et réussit à bousculer l'ennemi et à le rejeter au delà du ruisseau de Longwé. Un moment, les deux sections de tête (adjudant Fardoit et sous-lieutenant Mattei), emportées par leur ardeur, dépassent même un nid de mitrailleuses, dont les occupants revenus de leur surprise essaient de mettre les pièces en batterie. A l'appel du sous-lieutenant Mattei, le brigadier Serminit, les cavaliers Delaporte et Vannier s'élancent sur eux, revolver au poing. Treize prisonniers et deux mitrailleuses sont capturés. Malheureusement, d'un autre côté, le maréchal des logis Prévost et le cavalier Saurel sont tués, quelques minutes plus tard, en ramenant à l'arrière d'autres prisonniers ; ils ne s'étaient pas méfiés d'un fourré mal purgé de ses défenseurs.

Cette brillante action du moulin de Beaurepaire, s'ajoutant à l'actif de la compagnie Agnus, lui mérite la citation suivante à l'ordre du régiment n° 313 :

« Belle troupe, pleine d'allant et manœuvrière. Le 8 octobre 1918, sur l'initiative de son chef, le lieutenant Agnus s'est lancée, à la faveur de la nuit, à l'attaque d'une tranchée devant laquelle s'étaient brisées les tentatives d'un bataillon voisin, s'en est emparé, y a fait des prisonniers et a permis ainsi la reprise du mouvement sur toute la ligne (affaire de la tranchée de Charlevaux).

« Le 23 octobre, chargée d'attaquer une position boisée tenue par un ennemi nombreux, s'est jetée résolument au milieu des groupes de défenseurs et les a dispersés, capturant des prisonniers et des mitrailleuses. »

Toutefois l'attaque n'a pas eu partout le même succès.

Si, à la nuit, le bataillon Labouche occupe, couvert par d'actives patrouilles, la croupe ouest du moulin de Beaurepaire, par contre, à sa droite, le 4ᵉ Cuirassiers n'a pas pu progresser.

Ainsi, depuis plusieurs jours, le régiment se heurte à une résistance acharnée. Dans le cloisonnement et le mystère de cette forêt. où les crépitements des mitrailleuses se répercutent à l'infini dans les échos des ravins, le moral d'une troupe s'use rapidement s'il n est pas soigneusement entretenu. La fatigue des marches de nuit par des sentiers sombres et rocailleux, les brûlures et les intoxications causées par les drogues infernales des Allemands et, par-dessus tout, l'insuccès de leurs efforts répétés depuis six jours auraient-ils enfin raison de l ardeur et de la ténacité des cuirassiers à pied ? Non ! Car le rayonnement d'une absolue confiance dans la victoire n'en brille pas moins dans les yeux de ces intrépides combattants, et, dans leurs visites à la ligne avancée, le colonel, aussi bien que le lieutenant-colonel du Bourg, dont la fourragère rouge, la fourragère du Quinze-Deux (152ᵉ R. I.) annonce de loin la venue, constatent toujours chez eux la même ardeur, la même volonté de vaincre que rien n'a abattu, que rien n'abattra. Si cette barrière de feux demeure infranchissable, si toutes les manœuvres pour la faire tomber ont échoué, du moins il ne faut pas que, par une ruse habile et à la faveur des fourrés propices, l'ennemi se dérobe à l'improviste.

C'est à quoi veille le commandement.

Par son ordre, des patrouilles fréquentes, soit de jour, soit de nuit, vont surveiller l'ennemi, constater sa présence aux mêmes points ou, le cas échéant, saisir le moindre signe de repli ou de défaillance, et bondir dans toute ouverture qui viendrait à se découvrir dans la ligne tenue.

Enfin, le 1ᵉʳ novembre, la décision va être encore une fois cherchée. L'armée Gouraud doit attaquer ce matin-là, dans la boucle de l'Aisne, vers Vouziers, tandis qu'à l'est les Américains doivent pousser en direction de Buzanoy. Le 38ᵉ C. A. est chargé de continuer sa mission de liaison à travers l'Argonne et doit s'efforcer d'atteindre le défilé de la Croix-aux-Bois. La D. C. P. reçoit, en conséquence, la mission d'exercer une pression constante et vigoureuse sur l'ennemi et de mettre à profit tout fléchissement dans sa résistance.

Au 9ᵉ Cuirassiers échoit la tâche délicate de progresser le long du Longwé, en liaison à gauche avec le 358ᵉ R. I. (qui a remplacé le R. I. C. M.) et de s'élever sur les pentes à l'est du ruisseau, en vue de déborder la région boisée qui fait face à Beaurepaire. A droite, la liaison sera cherchée avec le 4ᵉ Cuirassiers.

Le régiment s'échelonne en profondeur : le bataillon Taillan vient dans la nuit prendre ses emplacements de départ sur la croupe à l'ouest du moulin de Beaurepaire ; le bataillon Labouche tient la position comme troupe de garnison ; le bataillon de Lammerville reste alerte, dans le ravin ouest de Termes.

Au petit jour, le 1ᵉʳ novembre, la compagnie Mourouzy entame le mouvement, poussant deux reconnaissances au delà du ruisseau : une demi-section, sous les ordres du sous-lieutenant Grosdidier, doit longer le Longwé, puis se rabattre vers l'ouest, tandis que la demi-section du maréchal des logis Sabran doit fixer l'ennemi, l'occuper sur son front et tenter de faire tomber un à un ses nids de résistance sur les pentes boisées de la croupe 222. Cette double opération bien menée, bien coordonnée, réussit d'abord admirablement.

A 6 h. 30, le ruisseau franchi, le maréchal des logis Sabran attaque deux mitrailleuses qu'il a pu situer exactement, et, aidé par la menace du sous-lieutenant Grosdidier, s'en empare, ainsi que de leurs servants (deux feldwebels et seize hommes).

L'ennemi, dérouté, commence à céder. Le capitaine Mourouzy, désireux de compléter son premier succès, se porte lui-même en avant, à la tête d'une section, pour appuyer ses reconnaissances et leur permettre de gagner du terrain. En même temps, il recherche ses liaisons. A gauche, de l'autre côté du ruisseau, le maréchal des logis Gros, avec huit hommes de la 11ᵉ compagnie, progresse lui aussi avec intrépidité et se relie au 358ᵉ R. I. Mais à droite, que devient le régiment voisin, le 4ᵉ Cuirassiers ? L'adjudant Huchet, avec le cavalier Peyrache, part dans ce terrain boisé et raviné, battu de tous côtés par les mitrailleuses allemandes, et, après avoir traversé par deux fois les organisations ennemies, rapporte le renseignement que les reconnaissances lancées par le 4ᵉ Cuirassiers n'ont pas pu déboucher. La situation devient de minute en minute plus critique ; mais, avant de donner l'ordre de repli, le capitaine Mourouzy veut se rendre compte en personne de la possibilité de conserver le terrain conquis. Debout sous une grêle de balles, il donne à tous ses hommes le plus bel exemple de bravoure et de sang-froid. Une balle l'atteint au côté au moment où il donnait un ordre au sous-lieutenant Grosdidier ; ce dernier, au même moment, a la mâchoire fracassée par une balle ; il revient sur ses pas et trouve la force de se moquer de sa propre souffrance : « Vous le voyez, mon capitaine, je n'aurai plus besoin de brosse à dents..., mais on les a eus tout de même ! »

De son côté, se maîtrisant, sentant ses forces sur le point de le trahir, le capitaine Mourouzy continue à donner ses ordres, s'efforçant de cacher à ses hommes la gravité de sa blessure ; voyant qu'il n'est pas étayé sur son flanc droit et que celui-ci est pris d'enfilade par des mitrailleuses, il décide de ramener ses sections à leur base de départ, et là, sa mission terminée, il consent enfin à se laisser évacuer.

Il devait succomber le lendemain à l'ambulance, laissant à ses hommes le souvenir d'un bel exemple du devoir noblement accompli et du dévouement suprême à sa patrie d'adoption.

Tant d'efforts héroïques vont porter leurs fruits.

La soirée du 1er novembre est très agitée.

L'ennemi canonne violemment par obus explosifs et toxiques nos premières lignes, ainsi que les ravins de Longwé et de Beaurepaire. Puis à minuit, tout se tait, un silence que rien ne trouble s'étend sur l'Argonne.

Contraste suspect ! Aussi, de bonne heure, partent nos reconnaissances. Quelques rafales de mitrailleuses les accueillent, mais peu nourries et plus espacées. Alors, dès l'aube, le régiment est lancé de nouveau sur ses objectifs.

Le bataillon Labouche a remplacé le bataillon Taillan ; le bataillon de Lammerville élargit son action vers la droite, avec mission de nettoyer le saillant boisé au nord de Beaurepaire. Dès 7 heures, l'ennemi ne tire plus ; les mitrailleuses des éléments d'arrière-garde se sont dérobées ; nos patrouilles avancent librement, les bataillons les appuient et, par la Fontaine-de-Broye, se dirigent sur le Chêne-Pate qu'ils atteignent à la fin de la journée.

La résistance de l'ennemi, usée par l'activité opiniâtre de nos cuirassiers, est décidément tombée. Il n'y a plus qu'à poursuivre. Tous le sentent et, malgré la fatigue, se préparent à reprendre, au petit jour, le mouvement en avant pour atteindre la coupure de la Croix-aux-Bois, ambitionnant déjà, pour un jour prochain, de se voir parmi ceux qui, à l'appel du général Maistre, vont s'emparer de Sedan et « changer un nom de désastre en un nom de gloire ».

Mais, dans la nuit, les mouvements convergents des grandes unités voisines ne lui laissant plus de place, la 1re D. C. P. est retirée de la bataille. Le régiment s'arrête quelques jours à Chaudefontaine, y fait célébrer un service pour ceux qui viennent de tomber au champ d'honneur, puis gagne son cantonnement de repos : le camp d'Auve.

LES RÉCOMPENSES : LA VICTOIRE, LA FOURRAGÈRE, LA GARDE AU RHIN

Il y arrive à peine qu'un bruit circule : les parlementaires allemands sont en route pour demander à quelles conditions le maréchal Foch, agissant au nom des armées alliées, consentirait à un armistice. Pour les survivants de ces luttes épiques qui, de semaine en semaine, ont plus nettement conscience de dominer l'adversaire, il n'y a aucun doute : l'heure de la Victoire est proche. Aussi quelle formidable explosion de joie, quand, dans la soirée du 10 novembre, la nouvelle est apportée que les Allemands acceptent toutes les conditions des alliés !

Un frisson d'enthousiasme secoue le régiment. Des gosiers et des poumons encore éprouvés par l'effet des gaz toxiques, sortent des cris fervents de « Vive la France », pendant que les musiciens, hier encore brancardiers au dévouement inépuisable, jouent et répètent sans se lasser la *Marseillaise*.

Le matin même, par un heureux présage et comme pour mieux préparer les cœurs à l'allégresse, le général Brecard était venu annoncer qu'une seconde citation, consacrant le régiment comme troupe d'élite, lui était accordée, ouvrant le droit au port de la fourragère.

Le lendemain, un message du maréchal Foch ordonne la cessation des hostilités pour 11 heures. En le notifiant, le colonel fait paraître l'ordre suivant (ordre n° 315) :

« L'Allemagne a signé.

« Elle s'avoue vaincue.

« Par une heureuse fortune, cette journée commencée en jour de fête à l'annonce de la haute distinction décernée au régiment, s'achève en triomphe.

« Clamez votre joie et votre fierté, Cuirassiers !

« Vous en avez le droit.

« Honneur à vous ! Votre robuste confiance, restée vivace même dans les plus grandes épreuves, reçoit sa récompense.

« Honneur à notre étendard, qui resplendit d'un nouvel éclat !

« Honneur et gloire à nos morts, dont les tombes, ornées de la cocarde nationale, jalonnent magnifiquement le rude chemin que vous avez parcouru d'un pas souvent ralenti, mais toujours ferme et volontaire, jusqu'à la victoire !

« Que les noms de ces braves demeurent impérissables parmi nous !

« Qu'ils reçoivent publiquement en ce jour l'hommage dû à leur vaillance poussée jusqu'au sacrifice et à la haute leçon du devoir qu'ils nous ont laissée !

« En conséquence, je décide : mardi 12 novembre, appel général dans chaque compagnie. En présence d'un piquet en armes, il sera donné lecture du présent ordre, ainsi que la liste nominative des officiers du régiment, des sous-officiers, brigadiers et cavaliers du bataillon « morts pour la France. »

Ce même jour 12 novembre, le régiment, auquel s'est jointe la population tout entière, est réuni dans les ruines de l'église d'Auve, incendiée par les Allemands aux jours douloureux de septembre 1914. Dans ce cadre impressionnant, l'aumônier du régiment, l'abbé Deblangey, prononce de vibrantes paroles d'actions de grâce. Puis, de toutes les poitrines, s'élance vers le ciel, désormais unique et grandiose voûte de la pauvre église martyre, le chant de triomphe et de gratitude du *Te Deum*.

Tandis que les versets du psaume réparateur se heurtent aux pierres calcinées des murs, sur le terre-plein du parvis le cavalier Eydieu, évocateur des carillonneurs séculaires des beffrois de son pays, réveille d'un marteau vigoureux le bronze sonore des petites cloches de la paroisse, muettes depuis quatre années et retrouvées gisantes dans un enclos voisin.

Quelques jours plus tard, le 18 novembre, par un clair et joyeux soleil, le général Brecard vient épingler une deuxième palme sur la croix de guerre de l'étendard du régiment.

Tandis que les bataillons se sont raidis dans un impeccable « garde à vous », la voix du général s'élève vibrante et haute, faisant entrer, phrase par phrase, dans le cœur de ces hommes que la bataille a vus impassibles et qui, dans la joie de leur vaillance récompensée, ne peuvent cacher leur émotion, le texte de la magnifique citation à l'ordre de l'armée décernée par le général Gouraud.

ORDRE Nº 1449.

« 9ᵉ régiment de Cuirassiers à pied, régiment de première valeur, modèle de ténacité et d'énergie, ayant déjà fait ses preuves devant Noyon (mars 1918), au plateau Saint-Claude et sur le Matz (juin 1918).

« Sous le commandement de son chef, le colonel Calla, a soutenu pendant quinze journées consécutives (26 septembre au 9 octobre) une lutte acharnée dans des conditions particulièrement dures, poursuivant sa mission offensive avec autant de méthode que d'audace. A brillamment enlevé le village de Binarville, défendu par de nombreuses mitrailleuses ; a fait tomber par une habile manœuvre les organisations de la deuxième position, provoquant ainsi la retraite de l'adversaire qu'il a vigoureusement poursuivi.

« A capturé, au cours de ces opérations, deux cent cinquante prisonniers, dont deux officiers, trente-cinq mitrailleuses, deux canons de 77 et un matériel considérable. »

Une autre grande joie était encore réservée au régiment: celle que, dès la signature de l'armistice, le général Pétain avait promise à ses soldats, sûr qu'elle serait appréciée par eux comme une faveur insigne.

« Nous allons demain, avait-il dit dans l'ordre général nº 124, pour mieux dicter la paix, porter nos armes jusqu'au Rhin. Sur cette terre d'Alsace-Lorraine qui nous est chère, vous pénétrerez en libérateurs. Vous irez plus loin en pays allemands occuper des territoires qui sont le gage nécessaire des justes réparations. »

Avec quelle ardente émotion, l'âme du régiment vibre au récit des entrées triomphales de l'armée française victorieuse dans Metz et Strasbourg enfin délivrées ! Comme l'esprit et l'imagination de chacun le devancent au cours de ces longues étapes qui, par Montier-en-Der, Neufchâteau, Contrexeville et Bussang, mènent de la Champagne aux Vosges.

Mais aussi quelle impression magnifique lorsque, le lendemain de Noël, au sortir du tunnel de la route de Bussang à Wesserling, se découvre étincelante au soleil la vallée de Saint-Amarin, parée aujourd'hui de tout l'éclat de ses sapins couverts de neige, merveilleuse avenue, depuis quatre ans déjà libérée, pour conduire au cœur de l'Alsace.

L'année 1919 commence par une apothéose. Le 4 janvier, après avoir traversé Colmar, musique sonnante et étendard déployé, le régiment se rend sur le terrain de revue où sont rassemblés tous les éléments de la 1ʳᵉ D. C. P. Là, entre la ligne bleue des Vosges et le large flot du Rhin, le général de Castelnau, accompagné du général de Montdésir, commandant le 38ᵉ C. A., et du général Margot, chef d'état-major du groupe d'armées de l'Est, redit devant les étendards des 4ᵉ, 9ᵉ et 11ᵉ Cuirassiers à pied les noms de souffrance et de gloire : Laffaux ! Noyon ! le Matz ! l'Argonne ! Puis, tandis que le ciel lui-même vibre de l'allégresse de toute une escadrille d'avions aux trois couleurs, le général fixe à la hampe des étendards les fourragères vert et rouge.

C'est à la nuit que le régiment regagne son cantonnement de Wintzenheim. Il y pénètre sous un arc de triomphe dressé en son honneur, et la population lui fait un accueil splendide. Tout le village est pavoisé et brillamment illuminé.

Le maire et le conseil municipal viennent au-devant du régiment, entouré d'une foule de jeunes filles en costume alsacien, portant des bouquets.

La remise de l'étendard s'effectue au logement du colonel, dans un enthousiasme religieux. Tandis que le cri de « Vive la France » retentit, poussé par les habitants, celui de « Vive l'Alsace deux fois française » lui répond, lancé par les cuirassiers.

Le lendemain, pour noter ces heures inoubliables, le colonel donne l'ordre suivant :

« L'Alsace a fêté magnifiquement notre étendard !

Au soir d'une journée mémorable où il avait reçu, des mains d'un général illustre, la haute récompense conquise sur les champs de bataille, vous avez trouvé dans l'accueil d'une population aimable et enthousiaste dans ses acclamations, l'écho vibrant de votre culte pour l'emblème sacré du régiment.

« Sa soie précieuse porte les noms aux syllabes retentissantes : Hohenlinden, Austerlitz, la

Moscowa, Fleurus, qu'y ont inscrits nos devanciers, les grands cavaliers du premier Empire, dans leurs chevauchées à travers l'Europe.

« Et vous aussi, vous l'avez bien servi !

« Vous avez orné son front de cette croix à la double palme qui dira aux générations futures, venues à leur tour s'instruire dans nos rangs, quelle magnifique moisson de vertus militaires et d'actes héroïques a été rapportée dans ses plis de Biaches à Laffaux et à Villequier-Aumont, de Lassigny à Binarville !

« Vous aimez votre étendard, d'abord parce qu'il est l'image de la Patrie et aussi parce qu'on aime, d'un penchant naturel, ceux avec qui on a souffert, avec qui l'on a triomphé.

« Gardez-lui fidèlement et profondément cet amour.

« Qu'il soit désormais inséparable dans vos cœurs non seulement des grandes journées où vous vous êtes montrés les rudes forgerons de la victoire, mais encore des journées éclatantes que nous vivons et où la France parée de nouveau de la riante Alsace, nous apparaît devoir bientôt, dans la paix rétablie, prompte à réparer ses ruines, poursuivre ses hautes et fécondes destinées. »

Maintenant, à son tour, le régiment va monter la garde sur les bords du Rhin. Pendant quinze jours, il remplit sa mission de surveillance le long du fleuve imposant, entre Neuf-Brisach et Markolsheim, donnant aux populations des villages où il cantonne le spectacle, si nouveau pour elles et si précieux pour notre influence, de cette saine discipline française qu'animent une confiance mutuelle et le sentiment réciproque de la dignité humaine. Soucieux d'être, de toutes manières, les bons serviteurs du pays, nos cuirassiers se montrent ici observateurs fidèles des prescriptions que donnait, le 11 novembre, le général en chef.

« Après avoir battu l'Allemagne, les armes à la main, ils lui en imposent encore par la dignité de leur attitude, et le monde ne sait ce qu'il doit le plus admirer de leur tenue dans les succès ou de leur héroïsme dans les combats. »

La fin du mois de janvier voit le régiment à Saint-Hippolyte, au pied d'un « Burg » fameux, le Hoh-Koenigsburg.

Il attend l'ordre de rentrer à l'intérieur, et il faut toutes les prévenances d'une population aimable et très patriote pour adoucir les sacrifices qu'imposent les circonstances, brisant les amitiés, froissant l'esprit de corps si vivace au 9ᵉ. Car les dangers sont passés et l'œuvre de la paix se poursuit. L'heure des séparations a sonné. Elle impose des prélèvements, disperse des unités ; d'autres disparaissent. A son tour, le 10 février, la 1ʳ D. C. P. est dissoute et, peu de jours après, réduit à un petit nombre d'unités aux effectifs bien faibles, le régiment s'embarque à destination de Poitiers.

Les Cuirassiers à pied du 9ᵉ ont vécu !

. . . .

Ils vivent !

Et même si leur étendard, qu'ils ont mené, naguère, contempler son image triomphante dans les flots majestueux du Rhin, doit s'en aller un jour reposer au Musée de nos gloires, auprès des aigles endormies, la France n'oubliera pas ! Dans ses fastes guerriers, elle gardera une place d'élection à ces cavaliers qui, délaissant leurs montures dès l'automne de 1914, jetés en « groupes légers » au plus fort de la tourmente, puis grandis, transformés, multipliés, ont été, pendant ces années de guerre — beaux soldats aux jours de victoire, plus encore aux jours d'épreuve — les Cuirassiers à pied !

OFFICIERS MORTS POUR LA FRANCE

Belgique.

Lieutenant d'Aubergeon.

Somme.

Sous-lieutenant Gombauld.

Tracy-le-Val.

Lieutenant Martin.
—   Lesourd.

Laffaux.

Commandant Gatelet.
Capitaine Reboul.
—   de Chasteignier.
Lieutenant Robert Maurice.
—   Nicolas.
—   Wagner.
Sous-lieutenant Chassaing Léonard.
—   de Carbuccia.
—   Taillefumier.
—   Robert Georges.

Noyon.

Commandant Larmoyer.
Capitaine de Ferque.
—   Bonamy.
—   Cottu.
Lieutenant Chassaing.
Sous-lieutenant Telle.
—   Trocmé.

Lassigny et Le Matz.

Commandant Greppo.
Capitaine de France.
Lieutenant Fleury.
Sous-lieutenant de Bonnefoy.
—   de la Rochefoucauld.
—   Vandamme.
—   de Valady.

Argonne.

Capitaine Morouzy.
—   Mithouard.
Lieutenant Brault.
Sous-lieutenant d'Anchald.
—   Evrard.
—   Malle.

SOUS-OFFICIERS MORTS POUR LA FRANCE

Belgique.

Maréchal des logis Tual Auguste.

Liévin (Pas-de-Calais).

Adjudant Lachèvre.
—   Marcq Victor.

La Somme.

Maréchal des logis Aubert André.

Tracy-le-Val.

Maréchal des logis Boley Georges.

Laffaux.

Adjudant-chef Birabon Eugène.
Adjudant Carpentier Adolphe.
—   Turbeaux Pierre.
Aspirant Parise Jean.
Maréchal des logis Arnould Maurice.
—   Bachelay Jean.
—   Capéla Fortuné.
—   Courbonin Maxime.
—   Fouet Louis.
—   Gaby Jean.
—   Garin Emile.
—   Gardin Jules.
—   d'Hautefeuille Bernard
—   Izambard Paul.
—   Maillet Jean.
—   Mèche Paul.
—   Maulmond René.
—   Obrecht Ernest.
—   Pierrot Aristide.
—   Thiriez Maurice.
Brigadier fourrier Héringuez Adolphe.

Barisis.

Maréchal des logis Le Royer Léon.
—   Plaisant Pierre.

La Malmaison.

Maréchal des logis Sarda Jules.

Noyon.

Maréchal des logis Aubert Georges.
—   Besnard Pierre
—   d'Elbée Joseph.
—   Gauthier Marcel.
—   Lefèbvre Robert.
—   Millet Eugène.

Lassigny.

Maréchal des logis Chemin Charles.
—   Leveugle Maurice.

Le Matz.

Adjudant Ormencey Robert.
Maréchal des logis Dubois François.
—   Dubreuil Raymond.
—   Edy Marcel.
—   Gelon Charles.
—   Libois François.
—   Perrault Robert.
—   Sekely Julien.
—   Tripier-Gabert Jean.

L'Argonne.

Adjudant Belette Armand.
Adjudant Trillou Jean.
Maréchal des logis Duchellier Maurice.
—   Casenave François.
—   Deloupy Philibert.
—   Girard Gaston.
—   Darnaux Jean.
—   Duffault Irène.
—   Dumarchez Camille.
—   Goron Louis.
—   Gabiot Louis.
—   Laizé Ernest.
—   Macadré Henri.
—   Martet Georges.
—   Perriot Georges.
—   Prévost Joseph.
—   Rouziès Fernand.
Aspirant Quelennec François.
Brigadier fourrier Bonnefont Lucien.

BRIGADIERS MORTS POUR LA FRANCE

La Somme.

Brigadier de Bertoult Jacques.
—   Capdeillayre Joseph.
—   Sarazin François.

Tracy-le-Val.

Brigadier Beaumon Léopold.

Laffaux.

Brigadier Bruyère Maurice.
—   Biguet Arthur.
—   Casnédi Maurice.
—   Coirier Raymond.
—   Côme Joseph.
—   Cabirol Eugène.
—   Guilbert Jules.
—   Lengagne Auguste.
—   Nothumb Jules.
—   Richard Lucien.
—   Renard Henri.
—   Soulounuac Paul.
—   Siméon Georges.

Barisis.

Brigadier Rouze Albert.

La Malmaison.

Brigadier Marie Léon.

Noyon.

Brigadier Berson Théodore.
—   Gallot Emile.
—   Girard Félix.
—   Lacladère Jean.
—   Siam Alexandre.
—   Semaison Georges.

Lassigny.

Brigadier Chatelain Georges.

Le Matz.

Brigadier Bouteiller Marcel.
—   Barthélemy Marius.
—   Delage Lucien.
—   Farcigny Georges.
—   Hach Jean.
—   Horard Louis.
—   Janin François.
—   Pancoup Julien.
—   Petit Louis.
—   Tahon Victor.
—   Ternoir Georges.

L'Argonne.

Brigadier Becquart Georges.
—   Boidin Lucien.
—   Cartron Lucien.
—   Carpentier Georges.
—   Caillerez Georges.
—   Daviau Emile.
—   Delcros Philippe.
—   Dubois Gilbert.
—   Etienne Onésime.
—   Foissey Armand.
—   Genton Auguste.
—   Gruet André.
—   Herbert Henri.
—   Jolivet Raymond.
—   Labouglie Armand.
—   Legrand Adrien.
—   Muller Arthur.
—   Maignan Léon.
—   Noel Adolphe.
—   Petit Raymond.
—   Petit Marcel.
—   Sale Daniel.
—   Tazé Onézime.

CAVALIERS MORTS POUR LA FRANCE

Belgique.

Cavalier Delair Henri.
— Doufrère Albert.
— Fauquet Marcel.
— Ricard Elie.

Liévin.

Cavalier Aubry Armand,
— Cormier Gaston.
— de Kerpel Louis.

La Somme.

Cavalier Arnibey Jean.
— Baron Clément,
— Bourserault Jean.
— Bonvarlet Désiré.
— Bertin Pierre.
— Charpentier Georges.
— Colombier Abel.
— Chesnais Joseph.
— Creton Emile.
— Cronnier Gaston.
— Dumail Valentin.
— Douanier René.
— Flamant Jules.
— Jauréguiberry Jean.
— Joussemet Aristide.
— Lips André.
— Lac François.
— Leleuvre Louis.
— Le Guern Guillaume.
— Leroy André.
— Lestoquoy Siméon.
— Maillet Louis.
— Massart Henri.
— Oudart Maurice.
— Pottier Cassiodore.
— Pierre Georges.
— Ricordel Isidore.
— Ringeval Henri.
— Simon Emile.
— Vasset Emile.
— Vasseur Louis.
— Vis Edgar.
— Wikart Désiré.

Tracy-le-Val.

Cavalier Bédhomme François.
— Démaret Marcel.
— Degré Gaétan.
— Gragnic Joseph.
— Humbert Georges.
— Laporte Raymond.
— Leclerc Fernand.
— Meillat Léon.
— Pautel Edouard.
— Perrier Edmond.
— Postel Ferdinand.
— Plancq Albert.
— Vixot Henri.
— Aumont Georges.

Laffaux.

Cavalier Alcouffe Louis.
— Aulanier Ernest.
— Allouchery Raymond.
— Buffet Louis.
— Bar Louis.
— Baissière Pierre.
— Boulonnois André.
— Bauby Gustave.
— Bureau Fernand.
— Baclez Jules.
— Bodelet Léopold.
— Beugnet Léon.
— Bonnet Auguste.
— Bollo François.
— Boitel Marcel.
— Barbarin Roger.
— Cholet Achille.
— Conty Charles.
— Cordier Achille.
— Commiges Emile.
— Cocquet Ernest.
— Cochet Jules.
— Canonne Etienne.
— Crouzat Raoul.
— Cros Louis.
— Caussé Jean.
— Costes Louis.
— Despoulous Louis.
— Duplantier Louis.
— Dupont Victor.

Cavalier Delattre Omer.
— Deffeselle Gustave.
— Delberghe Armand.
— Devisot Lucien.
— Decollewaert Edouard.
— Delbé Louis.
— Desmaisons Emile.
— Dier Charles.
— Desplanques Henri.
— Dufresne Maurice.
— Delambre Paul.
— Duflos Fleury.
— Delbaye Aristide.
— Deboudt Léon.
— Duboux Gabriel.
— Droit Sylvain.
— Foubert Alphonse.
— Feyt Eugène.
— Fourès Paul.
— Goffinet Eugène.
— Genty Marchal.
— Gillet Emile.
— Gillet André.
— Gauthier Henry.
— Gentil Louis.
— Grisel Henri.
— Griveaux Marcel.
— Guillin Pierre.
— Larengot Gustave.
— Leignel Henri.
— Lecompte Mazor.
— Leraillé Joseph.
— Louriau Vincent.
— Léonardon Abel.
— Lecomte Albert.
— Labarthe Raymond.
— Letellier Auguste.
— Mondot Florentin.
— Mathieu Henri.
— Michou Charles.
— Moithey Jean.
— Marchal René.
— Médus Jean.
— Niel Darius.
— Nespoulous Louis.
— Pouet Louis.
— Perrin Fernand.
— Pruvost Jules.
— Quignon Hector.
— Quinnet Ernest.
— Roux Lucien.
— Roche Michel.
— Ringlet Marcel.
— Robin Xavier.
— Richard Albert.

Cavalier Réal del Sarte Serge.
— Schlincke Antoine.
— Spagnol Alain.
— Triboulet Louis.
— Thommire Henri.
— Thermonir Emile.
— Tavernet Eugène.
— Touyas Pierre.
— Trinquart Fernand.
— Vaslin Octave.
— Vasselet Henri.
— Vergez Julien.
— Vandergheynst Alphonse.
— Vaysse Justin.
— Corbillon Emile.

Barisis.

Cavalier Bodin Edmond.
— Blandineau Alcide.
— Didier Louis.
— Delatre René.
— Gautier Henri.
— Lejenne Alfred.
— Lafarge Jean.
— Lamps Henri.
— Masson Ernest.
— Menet Jules.
— Pruvost Gaetan.
— Pion Gaston.
— Revault Edouard.
— Retaut Eugène.
— Radigue Joseph.
— Richez Emile.
— Sebire Fernand.
— Suffys Maurice.
— Thérèse.
— Thuillier Maurice.
— Vanthournout René.

La Malmaison.

Cavalier Assié Elie.
— Bourianne Elie.
— Bringuier Laurent.
— Baralier Léon.
— Beaurain Gilbert.
— Brun Henri.
— Bosc Justin.
— Callandre Edmond.
— Cesses François.
— Darasse Louis.
— Fabre Louis.
— Froger Emile.
— Guillerme Léon.

Cavalier Langlet Georges.
— Mathurin Georges.
— Roger Jean.

Noyon.

Cavalier Aladenise Gilbert.
— Béchet Gabriel.
— Bonnaire Henri.
— Boutin Michel.
— Bodiot Eugène.
— Choquelle Henri.
— Cosnard Albert.
— Courdouan Laurent.
— Derval Julien.
— Ducoron Hector.
— Dubedat Jean.
— Duclos Louis.
— Delpoux François.
— Deprey Emile.
— Delaveau René.
— Dhaze Jean.
— Epineau Georges.
— Ennuyer Joseph.
— Froger Emile.
— Garcin Alexandre.
— Gest Clotaire.
— Gracier Xavier.
— Journet Antonin.
— Jacquet Auguste.
— Levesque Albert.
— Léon Gentil.
— Langlois Eugène.
— Larrat Ferdinand.
— Lécuyer Adolphe.
— Loiseau Octave.
— Longuet Gontrand.
— Marcade Joseph.
— Marly Charles.
— Mahieux Constant.
— Marliac Jean.
— Petit Lucien.
— Pénot François.
— Pefourgue Antoine.
— Regère Jean.
— Ruffray Charles.
— Raucoulès Casimir.
— Rodiot Eugène.
— Stassart Alexandre.
— Turlin Gaston.
— Vinçon Marcel.
— Vasseur Louis.
— Vacquet Auguste.
— Wibaux Hippolyte.

Lassigny.

Cavalier Boutrouille Léon.
— Devideix Marius.
— Faisant Henri.
— Fauchet Eugène.
— Filliette René.
— Lataste Jean.
— Lassiège Alfred.
— Michel Henri.
— Montet François.
— Monyiot Frédéric.
— Vickart Jules.

Le Matz.

Cavalier Armand Marcel.
— Andurand Joseph.
— Buland Charles.
— Buré Camille
— Bergougnoux Charles.
— Blanquet Ernest.
— Bou Florent.
— Bachelet Maurice.
— Bizé Aimé.
— Coupé Louis.
— Colon Fernand.
— Chauveau Alexandre.
— Charrier Auguste.
— Chapoton Pierre.
— Cordier Emile.
— Chevalier Charles.
— Darricau Jean.
— Duthoit Louis.
— Darribeyros Jacques.
— Demortier Raymond.
— Desarménien René.
— Dulin Félix.
— Dumas Robert.
— Exavier Maurice.
— Fabre Joseph.
— Forzy Emile.
— Fournier Pierre.
— Gourbier Adrien.
— Grau François.
— Hennebert Edouard.
— Hammel Edmond.
— Hurard Maurice.
— Isonard Baptistin.
— Joulain Charles.
— Joré Marcel.
— Juylen René.
— Leblanc Paul.
— Le Saule Paul.
— Leclère Arthur.
— Lahille Pierre.

Cavalier Laporte Léon.
— Leblanc Maurice.
— Legeut Albert.
— Lemaréchal Georges.
— Le Solliec Louis.
— Landie Paul.
— Laval Charles.
— Marchand Zéphir.
— Meillon Alfred.
— Mathieu Maurice.
— Marin-Lamelet Paul.
— Milliancourt Jules.
— Martineau Gustave.
— Masson Roger.
— Pezières Louis.
— Perrin Pierre.
— Pragnère Louis.
— Pointeau Anatole.
— Rouaix Jules.
— Raoult Louis.
— Roustang Maurice.
— Robine André.
— Roudin Jean.
— Robert Emile.
— Singer Henri.
— Senoge François.
— Taquay Léon.
— Todeschini Marcel.
— Travers Georges.
— Vandemal Marceau.
— Vestier Jean.
— Verdier Jean.
— Vaudey Félix.

L'Argonne.

Cavalier Agasse Pascal.
— Allègre Louis.
— Audibert Antonin.
— Bailleul Louis.
— Baptiste Victorin.
— Beurville Lucien.
— Berthuy Pierre.
— Avois Ernest.
— Bernard Victor.
— Belhomme Gustave.
— Bel Eugène.
— Bailly Louis.
— Besnard Alfred.
— Blanc François.
— Bouvart André.
— Bernier Emile.
— Baraton.
— Beinier Etienne.
— Billard Antoine.

Cavalier Brou Jules.
— Barrau Albert.
— Bildstein Georges.
— Bazier Marie.
— Bernard Claude.
— Carré François.
— Caucourt Emmanuel.
— Chamu Louis.
— Chauveau Jean.
— Chilaux Auguste.
— Chevalier Robert.
— Couloignier Joseph.
— Clouet Jean.
— Cosson Joseph.
— Cordier Auguste.
— Chevalier Jean.
— Caillaud Victor.
— Capannaccia Dominique.
— Dagorno Henri.
— Duru Joseph.
— Debant François.
— Delettre Paul.
— Daniel Armand.
— Donati Paul.
— Delage André.
— Dupont Gabriel.
— Douillard Armand.
— Dessier Pierre.
— Dauverné Robert.
— Dubois Marcel.
— Delamaré Léon.
— Derycke Henri.
— Donato Emmanuel.
— Dhez Raoult.
— Emeriau Marcel.
— Etienne Marcel.
— Escolan Ernest.
— Fecault Joseph Gilbert.
— Fécamp Joseph.
— Faribault François.
— Fradin Louis.
— Guillemet Joseph.
— Guignard Léonce.
— Gasseau Casimir.
— Guyon Emile.
— Gosse Marie.
— Grillot Marcel.
— Grégoire Alfred.
— Gilot Alexandre.
— Guillot Victor.
— Grousseau Eugène.
— Gaglio Antoine.
— Gérondeau Albert.
— Gombert Robert.
— Grondin Josselin.

Cavalier Hédin Paul.
— Hélart Maurice.
— Herbault Florimond.
— Hollard Gustave.
— Heddebaut Georges.
— Huet Louis.
— Jeanjean Edouard.
— Labrégère Aubin.
— Leguay Charles.
— Legros Henri.
— Léguérinais Hippolyte.
— Lejeune Ernest.
— de Loddère Maurice.
— Lods Armand.
— Labonne Pierre.
— Larrausendy Martin.
— Mazuel Gilbert.
— Malézet René.
— Massat Jeanty.
— Morin Guillaume.
— Martel Antoine.
— Marcille Henri.
— Maria Jean.
— Mitton René.
— Mialaret Victor.
— Magis Paul.
— Martin Henri.
— Moine Claude.
— Morat Jules.
— Mazeran Léopold.
— Mexandeau Luc.
— Marcheras Arthur.
— Némoz Paul.
— Noguier Joël.
— Notamy Gaston.
— Nardeaux Henri.
— Orengo Jean.
— Perreau Louis.
— Phélipaud Raymond.

Cavalier Perdebant Louis.
— Potard Joseph.
— Poutrel Aimé.
— Pouypodast.
— Parvillé Etienne.
— Pouyadou Pierre.
— Pasquier Albert.
— Personnat Albert.
— Pascal Henri.
— Prochasson Amable.
— Pigale Emile
— Poudéroux Joseph.
— Ropiot Lucien.
— Rondest Eugène.
— Redon Henri.
— Rousson Armand.
— Rousson Georges.
— Racine Alexandre.
— Roubert Théophile.
— Rousseau Pierre.
— Raymond Edouard.
— Ribout Victor.
— Soulès Gabriel.
— Saurel Pierre.
— Sauret Edouard.
— Salvan Jean.
— Tazé Eugène.
— Thollet Claude.
— Tissot Joannes.
— Thomas Paul.
— Viardont Pierre.
— Villoutreix André.
— Vallas Claude.
— Vallée Alexandre.
— Vandewesscheringe Théodore.
— Vaure Raoul.
— Vaissade Pierre.
— Verney Jules.

GRADÉS ET CAVALIERS DISPARUS ET PRÉSUMÉS TUÉS

Souchez

Adjudant Lachèvre André.

Somme.

Cavalier Blériot Louis.

Laffaux.

Brigadier Guitard Lucien.
Cavalier Baisalon Armand.
— Barthelot Jean.
—· Fabrègues Henri.
— Henri Élisé.
— Ducos Jean.

Noyon.

Aspirant Marielle François.
Maréchal des logis Belle Arthur.
— de Saint-Martin Marie.
— Bouilli Auguste.
Brigadier Beny Paul.
— Castera Léon.
— Martineau Gustave.
— Mathey Albert.
— Quesnel Georges.

Cavalier Taffin de Givenchy Léon.
— Peugniez Anacharsis.
— Loui Jean.
— Desesquelles Octave.
— Chopinot Victor.
— Cartier Alfred.
— Capdaste Charles.
— Camus Pierre.
— Biteau Paul.

Le Matz.

Maréchal des logis de Bucy Ghislain.
— Fanthou Richard.
— Larralde Alphonse.
— Mouche Jean.
— Salendres Auguste.
— de la Villeheré Pierre.
Cavalier Bayard Arnold.
— Cavillon Alphonse.
— Bourtan Baptistin.

Argonne.

Brigadier Brugère Manuel.

Le régiment a eu en outre, au cours des différents combats, 194 disparus, sur lesquels aucun renseignement n'a pu être recueilli.

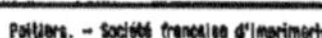

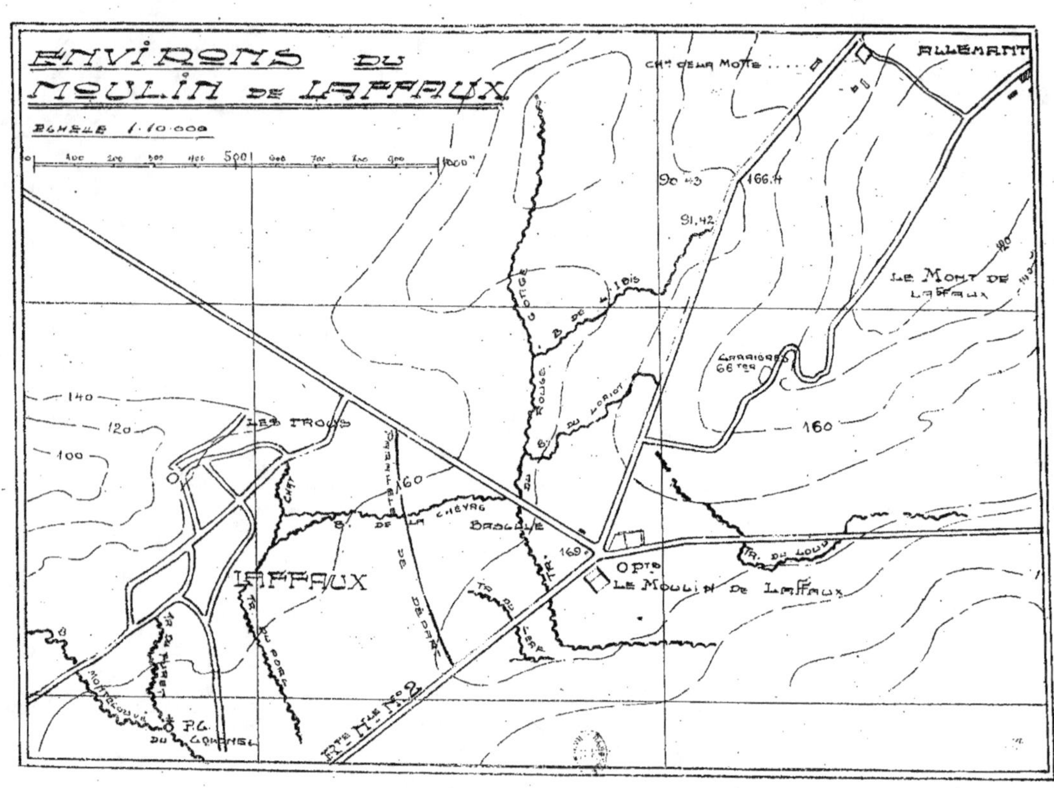

ENVIRONS DU
MOULIN DE LAFFAUX
Échelle 1:10.000
ALLEMANT
Cht de la Motte
Le Mont de Laffaux
Carrières 66 ter
Les Trous
160
140
120
100
Cht
LAFFAUX
Le Moulin de Laffaux
Tr. du Loup
P.C. du Colonel
Rte Nle No 2

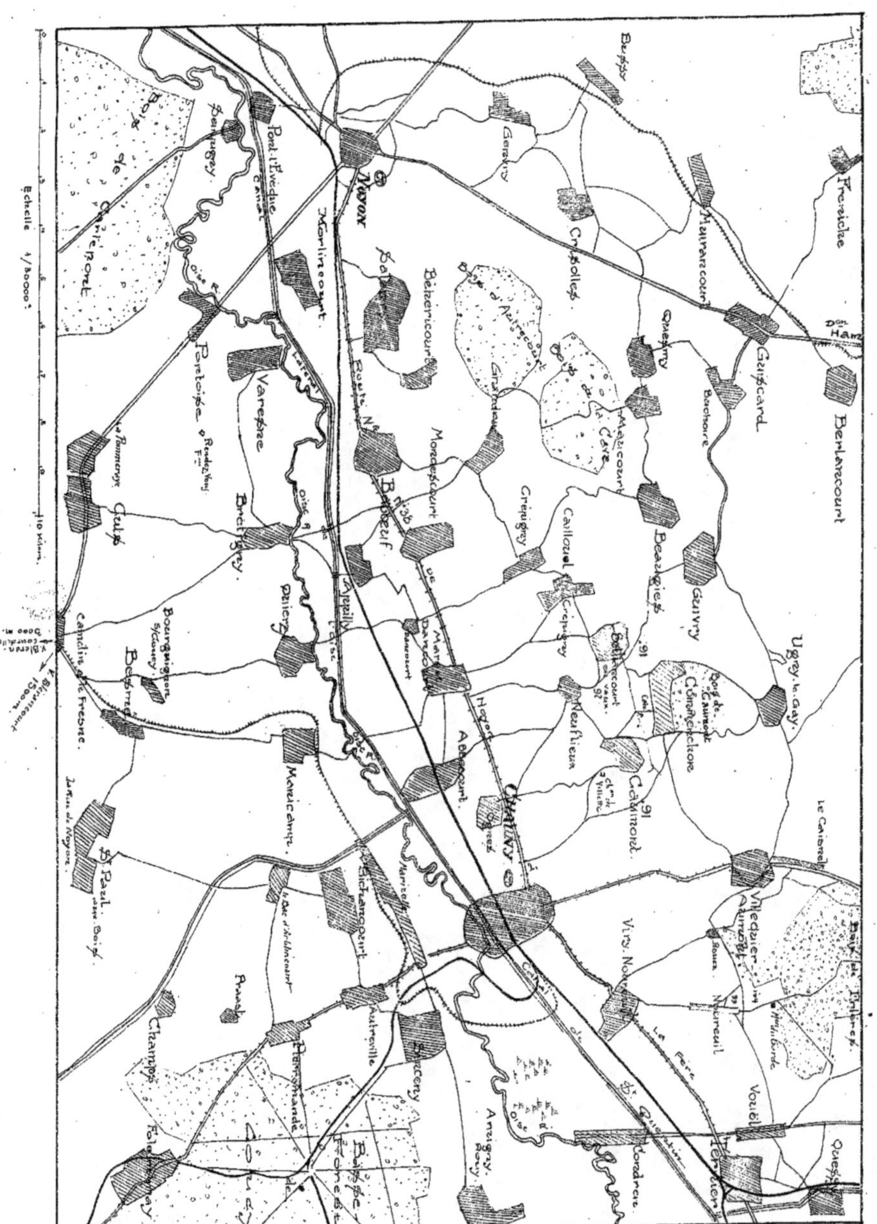

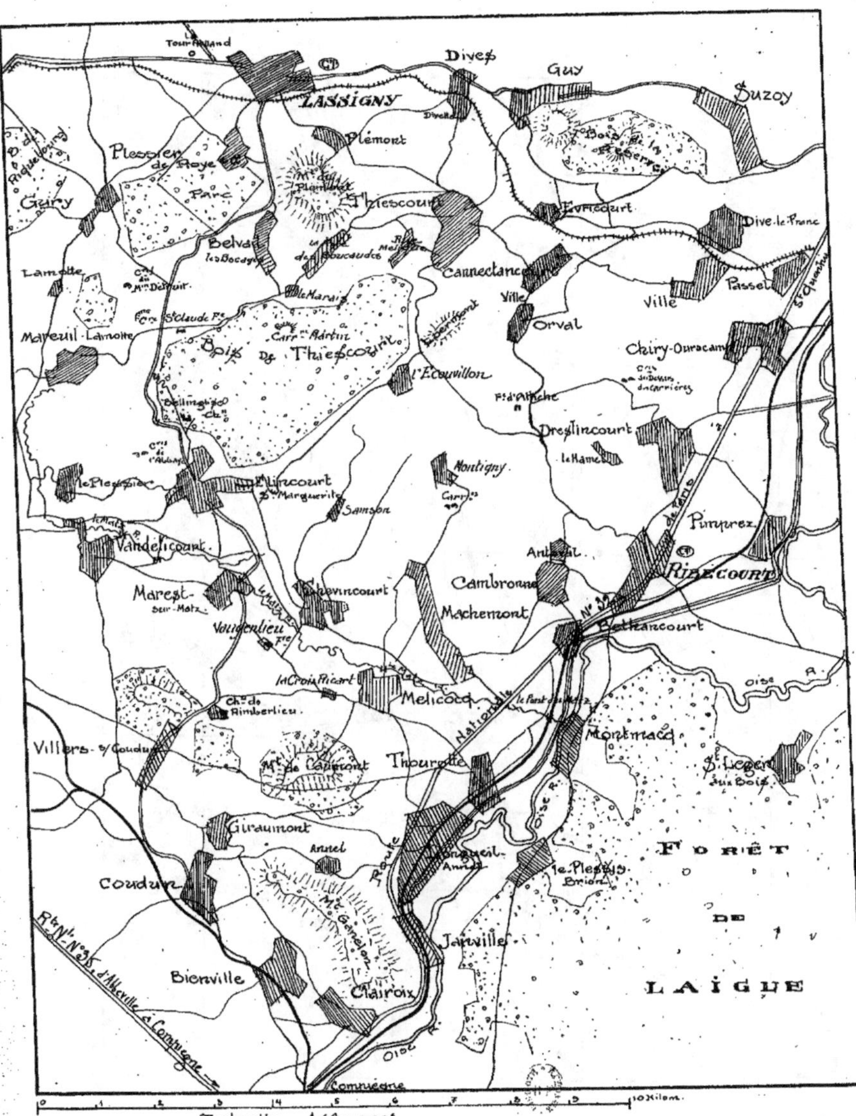

Tour Roland
Dives
Guy
Suzoy
LASSIGNY
Plémont
Bois de la Berry
Plessier de Roye
Parc
Bellay
Thiescourt
Evricourt
Dive le Franc
Géry
Belval
les Bocages
Cannectancourt
Ville
Passel
Lamotte
le Marais
Ville
Orval
Chiry-Ouracamp
Mareuil-Lamotte
St Claude F
Carr. Martin
Bois de Thiescourt
l'Ecouvillon
F d'Attiche
Dreslincourt
le Hamel
le Plessier
Montigny
Carr.
Pimprez
Vandélicourt
Samson
Antheuil
Cambronne
Ribecourt
Marest-sur-Matz
Chevincourt
Machemont
Bellancourt
Oise
Vaudenlieu
la Croix Ricart
Melicocq
le Pont des Metz
Montmacq
Villers-s/Coudun
Ch. de Rimberlieu
Nationale
St Léger aux Bois
Mt de Cannont
Thourotte
Giraumont
Annel
Coudun
le Plessis Brion
Janville
FORÊT
Bienville
Clairoix
DE
LAIGUE
Compiègne
R du N. 35 d'Abbeville à Compiègne
Echelle 1/80.000
10 Kilom.

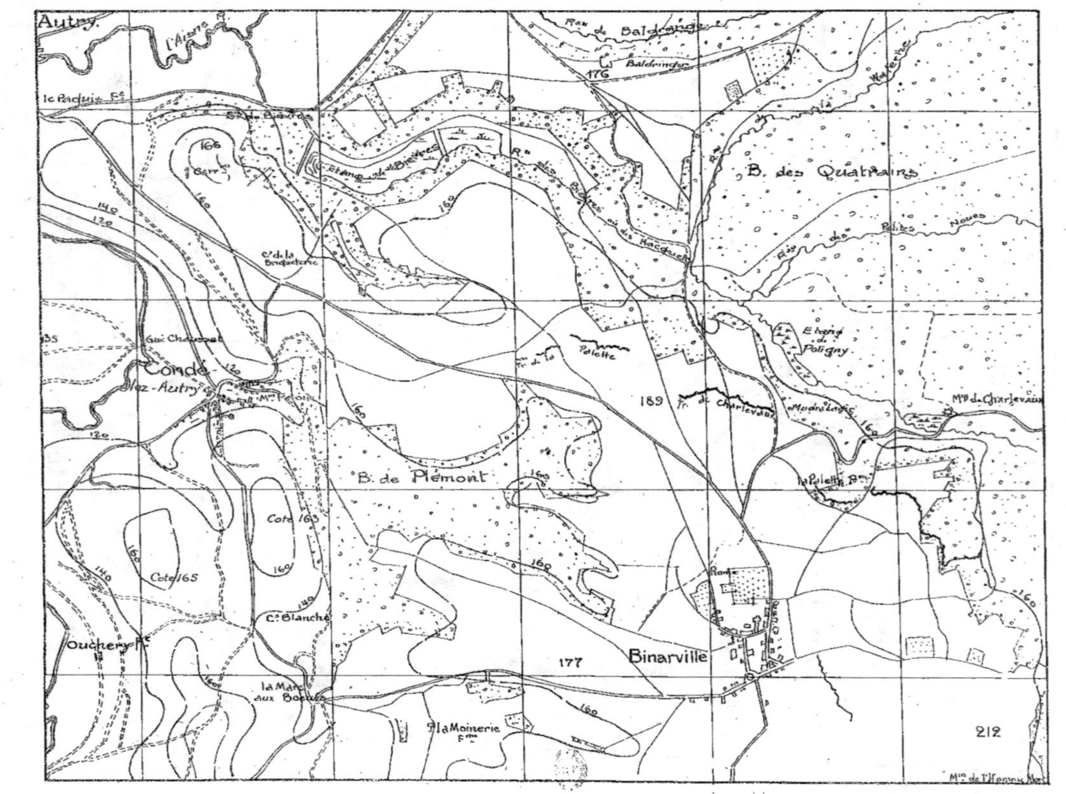

Autry.
l'Aisne
le Paquis Fᵐ
Rau de Baldranges
Baldringen
176
B. des Quatrains
168
Étang de Bièvres
C. de la Briqueterie
Gué Chaussot
135
Condé-lez-Autry
120
140
Étang de Poligny
189
Fr. de Charlevaux
Mᵈ de Charlevaux
la Palette
B. de Plémont
Cote 163
Cote 165
160
C. Blanche
Ouchery Fᵐ
Binarville
177
la Mare aux Bœufs
la Moinerie Fᵐ
212
Mⁿ de l'Homme Mᵗ

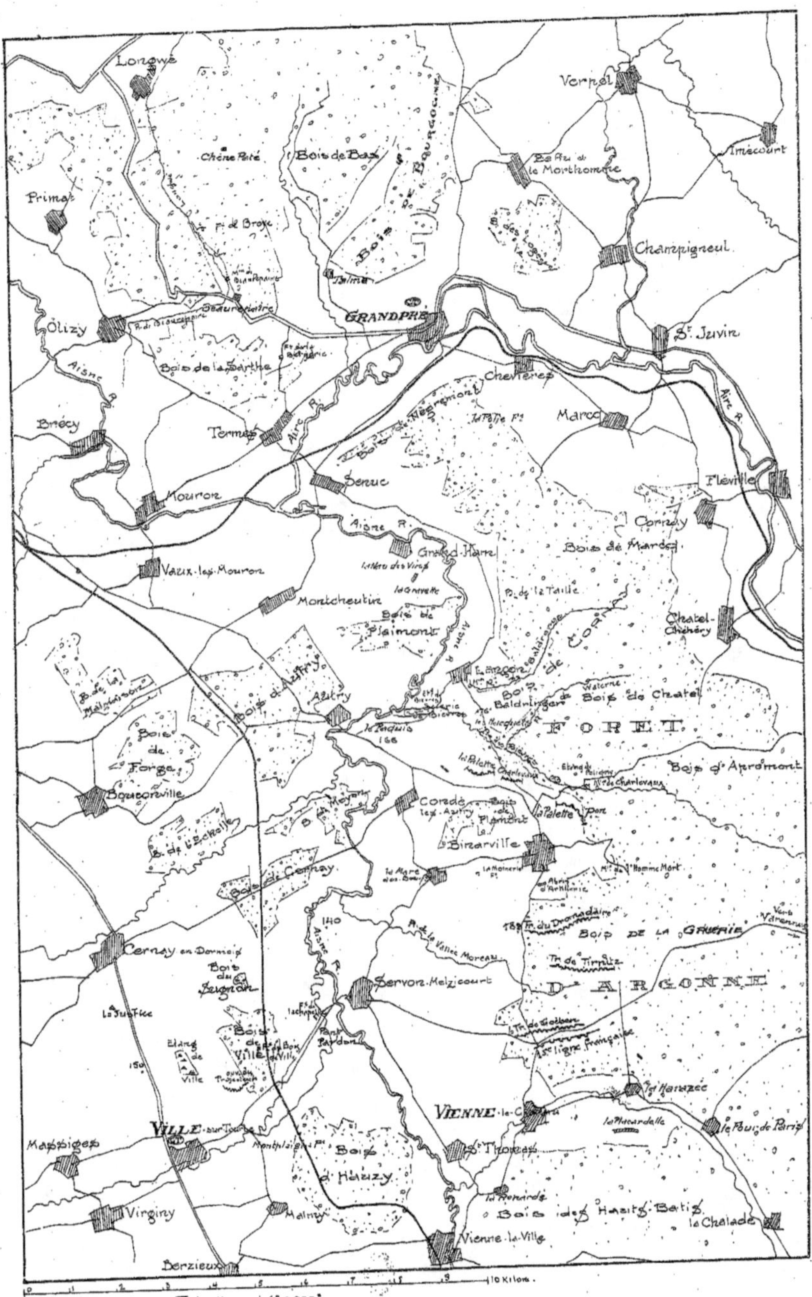

Longwé
Vernel
Chêne Pelé
Bois de Bar
Imécourt
Primat
B. de Broye
Etg du de le Morthomme
B. des Cose
Champigneul
Beaureotaire
GRANDPRÉ
St Juvin
Olizy
Aisne
Bois de la Sarthe
Chevières
Marcq
Brécy
Termes
Aire R.
Bois de Négremont
la Petite F.
Fléville
Senuc
Aisne R.
Grand-Harre
Cornay
Bois de Marcq
Mouron
le Mère des Vires
la Gonvette
B. de la Taille
Vaux-les-Mouron
Montcheutin
Bois de Plainmont
Chatel-Chéhéry
Bois de la Malataise
Langon
Bois de Chatel
Bois d'Autry
Autry
le Tantelu
Baldminger
FORET
Bois de Forge
la Palette
Boucoville
B. de l'Echelle
Cordé
Plainmont
Bois d'Aprémont
le Moyen
Bois d'Autry
la Palette
Port
Bois de Cernay
Bizarville
la Mare des Sons
la Moinerie F.
Ht de l'Homme Mort
140
Tr. du Dromadaire
Bois de la Gruerie
Verennes
Cernay en Dormois
Bois du Seignon
Tr. de Verennes
D'ARGONNE
la Justice
Servon-Melzicourt
Tr. de Gobert
la Chapelle
Park Payderas
1re ligne française
Etang de Ville
Bois de Ville la Vill
la Harazée
VILLE sur Tourbe
Vienne-le-Château
la Placardelle
le Four de Paris
Massiges
Montplaisir F.
Bois d'Hauzy
St Thomas
Virginy
Malmy
Bois des Hauts Batis
la Chalade
Vienne-la-Ville
Berzieux
10 Kilom.
Echelle 1/80.000°